D'Bibel op Lëtzebuergesch
D'Evangelium nom Matthäus

AF235429

D'Bibel op Lëtzebuergesch
D'Evangelium nom Matthäus

KATHOULESCH KIERCH
ZU LËTZEBUERG

FSC
www.fsc.org
MIX
Papier aus ver-
antwortungsvollen
Quellen
Paper from
responsible sources
FSC® C105338

Bibliographische Informationen der Deutschen Nationalbibliothek
Die Deutsche Nationalbibliothek verzeichnet diese Publikation in der Deutschen Nationalbibliographie; detaillierte bibliographische Daten sind im Internet über http://dnb.d-nb.de abrufbar.

© 2018   Äerzbistum Lëtzebuerg

4, rue Génistre / B.P. 419
L-2014 Luxembourg

Am Aarbechtsgrupp „Iwwersetzung vun der Bibel op Lëtzebuergesch" sinn am Optrag vum Äerzbëschof vu Lëtzebuerg: Claude Bache, Fränz Biver-Pettinger, Jeannot Gillen, Carine Hensgen

www.cathol.lu

Titelbild: Modern Duerstellung vum Matthäus-Symbol op engem Massgewand
Layout a Foto: Gilberte Bodson

ISBN 978-3-7528-1519-1

Herstellung und Verlag:
BoD – Books on Demand, Norderstedt

Inhalt

E Wuert mat op de Wee

Et ass mir eng Freed, deene lëtzebuergesche Versioune vum Matthäus- a vum Johannes-Evangelium e Wuert mat op de Wee ze ginn.

Nodeems d'Äerzbistum schonns 2009 en Evangeliar erausginn huet, an deem d'Evangelientexter vun alle Sonndeger a vun de grousse Festdeeg op Lëtzebuergesch dra stinn, läit elo en integralen Text vun zwéi vun deene véier Evangelie vir, déi vum Iwwersetzergrupp „D'Bibel op Lëtzebuergesch" a laangjäreger Aarbecht a mat vill Méi vum Grücheschen an eis Sprooch iwwersat goufen. Ech well op dëser Plaz der Equipe vun den Iwwersetzer mäi Merci a mäi Respekt dofir ausdrécken, an dat an der Hoffnung, datt deemnächst och nach déi zwéin aner Evangelien (Markus a Lukas) als integralen Text op Lëtzebuergesch erauskomme kënnen.

Dem Herrgott sengem Wuert, dat äis an den Evangelien iwwerliwwert gëtt, kënnt eng eminent wichteg Plaz am Liewe vun der Kierch an am Liewe vun all eenzelne Gleewegen zou. Et muss souzesoen

| 7

den Deessem ginn, deen dat ganzt Liewe vun de Mënschen duerchsaiert (*cf.* Mt 13,33). Well da gëtt et zu engem Wuert, dat Halt an Orientéierung schenkt. Am perséinleche Gebiet, an der Katechees an am Austausch a Bibelgruppen dréit d'Liesen an d'Meditéiere vun den Texter vun der Helleger Schrëft dann och zu enger Beliewung vum chrëschtleche Glaf bäi.

An deem Sënn wënschen ech den Evangelientexter op Lëtzebuergesch, déi elo virleien, datt si dee Som sinn, dee räich Fruucht bréngt (*cf.* Mt 13,3-23)!

Lëtzebuerg, op Ouschteren 2018

+ Jean-Claude Hollerich
Äerzbëschof vu Lëtzebuerg

Eng kuerz Aféierung

Am Joer 2009 gouf den *Evangeliar* publizéiert mat den Evangelie vun alle Sonndeger a vun de grousse Feierdeeg[a]. D'*Evangelium nom Matthäus* steet an der Nofolleg vun dëser éischter offizieller Iwwersetzung vun Evangelientexter a Lëtzebuerger Sprooch: Dir fannt hei dee ganzen Text vum Matthäus-Evangelium (Mt), op der Basis vum Griichesche Referenztext, iwwersat no deenen nämlechte Critèrë wéi am *Evangeliar*[b].

D'*Evangelium nom Matthäus* ass an engem klenge Format gedréckt. Et ass geduecht fir de perséinleche Gebrauch am Alldag, virun allem awer och fir et an der Katechees an de Paren ze gebrauchen.

Dofir erlaabt äis dës kuerz Aféierung:

De Chrëschten hir Bibele bestinn aus engem méi alen Deel, dem sougenannten *Alen* oder *1. Testament* gréisstendeels op Hebräesch (AT), an engem méi neien Deel, dem *Neien*, oder *2. Testament* (NT) op Griichesch.

9 |

Déi Sammlung vu Schrëften, déi mir an eise Bibele fannen an an deenen d'Chrëschten hire Glawen als authentesch iwwerliwwert unerkennen (de sougenannte „Kanon vun de biblesche Bicher"), besteet, fir d'NT, aus 27 Bicher: Deene véier Evangelien, der Apostelgeschicht, de Paulusbréiwer, de kathoulesche Bréiwer an der Offenbarung vum Johannes, och nach Apokalyps genannt.

Et sinn dës Schrëften, déi no an no ënner de Chrëschten eng zerguttstert Autoritéit kritt haten; aner Schreiwëssen, déi vu Gemeinschaft zu Gemeinschaft virugereecht goufen, kruten dës Autoritéit net. Se sinn äis wuel zu engem gudden Deel erhale bliwwen, als Zäitzeie vun de Gedanken, Iwwerleeungen, Froen a Suerge vun den éischte Generatioune vu Chrëschten, déi verspreet uechtert d'Réimescht Räich gelieft hunn. Mee se goufen net als Riichtschnouer (Kanon = ë. a. „Regel" op Griichesch) fir de Glaf zréckbehalen.

Ee vun deene wichtegste Gedanken, deen duerch déi ganz Bibel geet, ass dee vun engem Bond tëscht Gott an de Mënschen. Dat hebräescht Wuert fir dee Bond (berit) gouf op Latäin mat „testamentum" iwwersat. Dohir kënnt dann och eis Bezeechnung Testament, Aalt oder Neit, fir d'Bicher aus der Bibel.

Et leien en etlech Jorhonnerten tëscht där Zäit, wou d'Bicher aus der Bibel néiergeschriwwe goufen – nodeems se zu engem Deel iwwer eng méi oder manner laang Zäit mëndlech iwwerliwwert gi waren –,

10 |

an äis. D'Distanz ass esouwuel eng historesch, wéi eng kulturell-geographesch an eng sproochlech. An dach ass dat, wat mir do liesen, héich aktuell, well d'Grondfroe vun de Mënschen am Fong ëmmer nach déi nämlecht sinn. D'Konditioun awer, fir datt dës iwwerliwwert Texter fir äis zougänglech sinn a bleiwen, ass ze versichen ze verstoen, wat déijéineg, déi se néiergeschriwwen hunn, deemools soe wollten. Dann eréischt kënne mir froen, wat se äis haut soe kënnen.

D'NT fänkt u mat deene véier Evangelien, dem *Matthäus*, dem *Markus*, dem *Lukas* an dem *Johannes*. D'Wuert *Evangelium* gouf als éischt vum Verfaasser vum Markus-Evangelium (*cf.* Mk 1,1) opgegraff a gebraucht fir déi *Gutt Noriicht* ze bezeechnen, déi, engersäits, mat dem Jesus vun Nazareth an d'Welt komm ass an déi hien, anerersäits, verkënnegt huet. Jiddfereent vun den Evangelien ass, op seng Manéier, e Credo; jiddfereent beliicht a verkënnegt aus e bëssen engem anere Bléckwénkel dës Gutt Noriicht vum an duerch de Jesus, dem Operstanenen, an deem si de Messias, de Christus an dem Herrgott säi Jong erkannt hunn. A jiddfereent gräift Erzielungen iwwer de Jesus oder Rieden, Aussoe vun him op, déi bis dohi mëndlech virugi goufen; do dernieft gëtt och ugeholl, datt d'Verfaasser vum Mt a vum Lk de Mk kannt hunn (oder op d'mannst déi nämlecht Iwwerliwwerung), datt si zu engem Deel déi selwecht Sammlunge vu Spréch kannt hunn, awer och hir

11 |

eege Quellen haten: Dat erkläert, firwat mir eng Rei Texter bei deenen dräi erëmfannen, déi dowéinst och *Synoptiker* genannt ginn; anerer liese mir just bei der zwéin an nach anerer nëmme bei engem. – De Johannes steet wuel an där selweschter Traditioun, ma hien huet dat iwwerliwwert Material (Erzielungen, Rieden, asw.) méi op eng him eege Manéier verschafft.

Mat ee Grond, firwat mir Ënnerscheeder an der Aart a Weis déi Gutt Noriicht ze présentéieren tëscht deene véier fannen, ass, datt si op verschidde Plaze geschriwwen hunn, fir d'Leit aus hire Chrëschtegemeinschaften. Esou ass et ze verstoen, datt d'Markus-Evangelium, dat héchstwahrscheinlech ëm d'Joer 70 zu Roum néiergeschriwwe gouf fir Leit, déi, éier se Chrëschte gi sinn, Heede waren, Verschiddenes anescht erkläere muss, wéi z. B. d'Matthäus-Evangelium, vun deem ugeholl gëtt, datt et ëm d'Joer 80 a Syrien, evtl. zu Antiochia, vläicht awer och a Phönizien verfaasst gouf fir an der Majoritéit Leit, déi virdru Judde waren oder sech fir de juddesche Glaf interesséiert hunn.

* * *

An nach e puer Wuert weider
zum Matthäus-Evangelium

Dëst Evangelium spaant e Bou vun deenen éischten zwéi Kapitelen (der „Kandheetserzielung nom Matthäus") bis ganz un de Schluss (Mt 28,16-20): De Jesus gëtt doranner duergestallt als den neie Moses, hien huet gradesou eng Autoritéit wéi se dem Moses, *dem* Léiermeeschter vun Israel an der Juddescher Traditioun zougeschriwwe gouf (zemools a Mt 5,1 – 7,29, an och Mt 8,1-17.23-34; 9,1-8.18-34), an hien ass et, deen dat erfëllt, wat d'Prophéiten ugekënnegt haten. Um Enn vum Evangelium ginn d'Jünger erausgeschéckt an d'Welt.

Fir d'Matthäus-Evangelium ass d'„Himmelräich", d. h. dem „Herrgott säi Räich" amgaang ze wuessen (*cf.* Mt 13): Lues a lues erfëllt sech dee Plang, dee Gott vun Ufank u mat de Mënschen hat, an d'Mënsche sinn opgeruff, do matzeschaffen.

Am Matthäus-Evangelium fält op, datt d'Riede vum Jesus beienee gruppéiert sinn (Mt 5-7; 10; 13; 18; 23; 24-25). Esou wéi do déi eenzel Stécker uneneegehaange sinn, kritt een eng Iddi dervun, wéi déi éischt Wanderpriedger sech Brécke gebaut hunn, fir näischt ze vergiesse vun deem, wat hir Verkënnegung war.

D'Matthäus-Evangelium ass et och, dat vun der „ekkläsia" (Mt 16,18; 18,17) schreift; a Verse wéi am Kapitel 18 hunn éischt Problemer am Zesummeliewen an der chrëschtlecher Gemeinschaft hiren Echo fonnt.

Et kéint een hei nach villes iwwert d'Matthäus-Evangelium schreiwen. Mee dat Einfachst ass, et ze liesen.

A wann ënnerwee Froen opkommen zu deem, wat Dir do liest, dann zéckt net a mailt äis se (bibel@cathol.lu).

Fränz Biver-Pettinger,
fir den Aarbechtsgrupp
„Iwwersetzung vun der Bibel op Lëtzebuergesch"

---

[a] *Evangeliar.* Aarbechtsgrupp „Iwwersetzung vun der Bibel op Lëtzebuergesch" (2009). Luxembourg, Archevêché, Saint-Paul.
[b] *Evangeliar*, S. IX-XVI. De Grüchesche Referenztext ass dee vum *Nestle-Aland 28* (*Novum Testamentum Graece.* 28. Auflage, Eberhard Nestle, Barbara Aland, Kurt Aland (2012), Stuttgart, Deutsche Bibelgesellschaft, ISBN 978-3-438-05159-2).

D'Evangelium nom Matthäus

1 [1] Stammbam vum Jesus Christus,
Jong vum David,
Jong vum Abraham:
[2] Den Abraham war de Papp vum Isaak,
den Isaak dee vum Jakob,
de Jakob dee vum Juda an senge Bridder.
[3] De Juda war de Papp vum Perez a vum Zerah;
hir Mamm war d'Tamar.
De Perez war de Papp vum Hezron,
den Hezron dee vum Aram,
[4] den Aram dee vum Amminadab,
den Amminadab dee vum Nachschon,
den Nachschon dee vum Salmon.
[5] De Salmon war de Papp vum Boaz;
deem seng Mamm war d'Rachab.
De Boaz war de Papp vum Obed;
deem seng Mamm war d'Ruth.
Den Obed war de Papp vum Jesse,
[6] de Jesse war de Papp vum Kinnek David.
Den David war de Papp vum Salomon;
deem seng Mamm war dem Uria seng Fra.
[7] De Salomon war de Papp vum Rehabeam,
de Rehabeam dee vum Abia,

den Abia dee vum Asa,
8 den Asa dee vum Joschaphat,
de Joschaphat dee vum Joram,
de Joram dee vum Uzia.
9 Den Uzia war de Papp vum Jotam,
de Jotam dee vum Achaz,
den Achaz dee vum Hizkia,
10 den Hizkia dee vum Manasse,
de Manasse dee vum Amon,
den Amon dee vum Joschia.
11 De Joschia war de Papp vum Joiakin
an senge Bridder;
dat war an der Zäit vun der Ëmsiidlung
op Babylon.
12 No der Ëmsiidlung op Babylon
war de Joiakin de Papp vum Schealtiël,
de Schealtiël dee vum Zerubbabel,
13 den Zerubbabel dee vum Abihud,
den Abihud dee vum Eliakim,
den Eliakim dee vum Azor.
14 Den Azor war de Papp vum Zadok,
den Zadok dee vum Achim,
den Achim dee vum Eliud,
15 den Eliud dee vum Eleasar,
den Eleasar dee vum Mattan,
de Mattan dee vum Jakob.
16 De Jakob war de Papp vum Jouseph,
der Maria hirem Mann;
si war d'Mamm vum Jesus,
dee Christus genannt gëtt.

[17] Esou sinn et vum Abraham bis bei den David
am Ganze 14 Generatiounen,
vum David bis bei d'Ëmsiidlung op Babylon
14 Generatiounen
a vun der Ëmsiidlung op Babylon
bis bei de Christus
14 Generatiounen.

[18] Mat dem Jesus Christus senger Gebuert war et
esou: Seng Mamm Maria war dem Jouseph ver-
sprach. Nach éier si zesummegelieft hunn, huet sech
gewisen, datt d'Maria an aneren Ëmstänn war – vum
hellege Geescht. [19] De Jouseph, hire Mann, dee ge-
recht war, awer si net bloussstelle wollt, huet deci-
déiert, si heemlech fortzeschécken. [20] Iwwerdeems
hien doriwwer nogeduecht huet, ass him am Dram
en Engel vum Här erschéngen a sot: „Jouseph, Jong
vum David, fäert net, fir d'Maria, deng Fra, bei dech
ze huelen! Dat Kand, dat si erwaart, ass nämlech
vum hellege Geescht. [21] Si kritt e Jong, dee solls du
Jesus nennen, well hien ass deen, deen säi Vollek vun
senge Sënne rett." [22] All dat hei ass geschitt, fir datt
sech dat erfëlle géif, wat den Här duerch de Prophéit
gesot hat:

[23] *Kuck, d'Jongfra kënnt an aner Ëmstänn*
a kritt e Jong,
an hie gëtt Emmanuel genannt [a],
dat heescht iwwersat: Gott [ass] mat äis.

24 Wéi de Jouseph erwächt ass, huet hien dat gemaach, wat dem Här säin Engel him opgedroen hat, an hien huet seng Fra bei sech geholl. 25 Hien ass awer net mat hir zesummekomm, bis si hire Jong kritt hat, an hien huet dee Jong Jesus genannt.

---

a Is 7,14.

2 1 Wéi de Jesus zur Zäit vum Kinnek Herodes zu Bethlehem a Judäa gebuer gi war, si Stärendeiter aus dem Osten zu Jerusalem ukomm, 2 an si hu gefrot: „Wou ass de Kinnek vun de Judden, dee grad op d'Welt komm ass? Mir hunn nämlech säi Stär am Oste gesinn, a mir si komm, fir hien unzebieden." 3 Wéi de Kinnek Herodes dat héieren huet, war hien an enger Oprou, a ganz Jerusalem mat him. 4 Hien huet all d'Hohepriister an d'Schréftgeléiert vum Vollek zesummegeruff a bei hinnen nogefrot, wou de Messias gebuer gi sollt. 5 Si hunn him geäntwert: „Zu Bethlehem a Judäa! Esou ass et nämlech vum Prophéit opgeschriwwe ginn: 6 *An du, Bethlehem,* Land Juda, *du bass* op kee Fall *déi mannst ënner de Prënzestied vu Juda*a, *well aus dir kënnt e Prënz, dee mäi Vollek Israel hitt.*b"

7 Dueropshin huet den Herodes d'Stärendeiter heemlech bei sech geruff an sech vun hinnen déi genee Zäit soe geloss, wéini de Stär erschénge war. 8 Dunn huet hien si op Bethlehem geschéckt a sot: „Gitt a fuerscht genee no deem Kand! Wann dir et

bis fonnt hutt, dann dot mech dat wëssen, fir datt och ech komme kann, fir et unzebieden!" 9 Nodeems d'Stärendeiter dëst vum Kinnek héieren haten, hunn si sech op de Wee gemaach. A kuck, de Stär, deen si am Oste gesinn haten, huet si gefouert, bis en iwwer där Plaz stoe blouf, wou d'Kand war. 10 Wéi si de Stär gesinn hunn, waren si ausser sech vu Freed. 11 Si sinn an d'Haus eragaang an hunn do d'Kand mat der Maria, senger Mamm, gesinn. Du sinn si niddergefall an hunn d'Kand ugebiet. Si hunn hir Schazkëschten opgemaach an him hir Gowen iwwerreecht: Gold, Wäiraach a Myrrhe. 12 Wéi si am Dram gerode kruten, net bei den Herodes hannescht ze goen, sinn si op engem anere Wee heem an hiert Land gaang.

13 Nodeems d'Stärendeiter sech op den Heemwee gemaach haten, ass en Engel vum Här dem Jouseph am Dram erschéngen a sot: „Erwäch, huel d'Kand an seng Mamm a laf fort an Ägypten, a bleif do, bis ech dir Bescheed soen! Den Herodes wëllt d'Kand nämlech sichen, fir et doutzemaachen." 14 Dunn ass de Jouseph erwächt, huet an der Nuecht nach d'Kand an seng Mamm geholl an ass an Ägypten gaang. 15 Do ass hie bliwwen, bis den Herodes dout war, fir datt sech dat erfëlle géif, wat den Här duerch de Prophéit gesot hat: *Aus Ägypten hunn ech mäi Jong geruff.*[c]

16 Wéi den Herodes an Uecht geholl huet, datt d'Stärendeiter hien hanner d'Liicht gefouert haten, war hien ausser sech vu Roserei. Hien huet seng Leit

geschéckt, fir zu Bethlehem an an der ganzer Ëmgéigend all d'Kanner bis zwee Joer ëmzebréngen – wat genee där Zäitspan entsprach huet, déi hie vun de Stärendeiter genannt kritt hat. 17 Deemools huet sech dat erfëllt, wat duerch de Prophéit Jeremias gesot gi war:

18 *Zu Rama war e Gejäiz ze héieren,*
Kräischen a vill *Kloen:*
D'Rachel huet ëm hir Kanner gekrasch
a wollt sech net tréischte loossen,
*well si waren net méi.*d

19 Nodeems den Herodes gestuerwe war, ass en Engel vum Här dem Jouseph an Ägypten am Dram erschéngen 20 a sot: „Erwäch, huel d'Kand an seng Mamm a géi hannescht an d'Land Israel, well déijéineg, déi dem Kand d'Liewen huele wollten, si gestuerwen!" 21 Dunn ass de Jouseph erwächt, huet d'Kand an seng Mamm geholl an ass hannescht an d'Land Israel gaang.

22 Wéi hien awer héieren huet, datt den Archelause elo amplaz vun sengem Papp Herodes Kinnek vu Judäa war, huet hie gefaart, fir duer ze goen. Esou wéi et him am Dram gerode ginn ass, huet hien sech an d'Gebitt vu Galiläa zréckgezunn 23 an huet sech do niddergelooss an enger Stad, déi Nazareth heescht, fir datt sech dat erfëlle géif, wat duerch d'Prophéite gesot gi war: Hie gëtt Nazoräer genannt.

---

[a] Mi 5,1.3.
[b] 2 Sam 5,2; 1 Chr 11,2.
[c] Hos 11,1.
[d] Jer 31,15.
[e] Lies: Archela-us.

3 [1] Deemools ass de Johannes den Deefer opgetratt an huet an der Wüüst vu Judäa gepriedegt: [2] „Denkt ëm, well d'Himmelräich ass um Kommen!"

[3] Et war nämlech hien, dee vum Prophéit Isaias ugekënnegt gi war, wéi dëse gesot hat:

Eng Stëmm rifft an der Wüüst:
Maacht dem Här säi Wee prett,
maacht seng Pied grued! [a]

[4] De Johannes hat e Kleed aus Kaméilspelz un an e lieder Rimm ëm d'Hëffen, an hien huet vun Heesprénger a vu wëllem Hunneg gelieft. [5] D'Awunner vu Jerusalem an d'Leit aus ganz Judäa an aus der ganzer Ëmgéigend vum Jordan si bei hie gaang, [6] hunn sech vun him am Jordan deefe gelooss an hunn dobäi hir Sënnen agestan.

[7] Wéi de Johannes gesinn huet, datt vill Pharisäer a Sadduzäer komm sinn, fir vun him gedeeft ze ginn, sot hien zu hinnen: „Dir Schlaangebrutt! Wien huet iech gleewe gedoen, dir kéint deem Geroos, dat kënnt, entgoen? [8] Drot Friichten, déi äert Ëmdenke

weisen! [9] Mengt net, dir kéint iech soen: ‚Eise Papp ass den Abraham!' Well ech soen iech: Den Herrgott kann dem Abraham aus dëse Steng Kanner maachen! [10] Elo schonn ass d'Aaxt un de Beem hir Wuerzel ugeluecht, an all Bam, dee keng gutt Friichten dréit, gëtt ëmgeha an an d'Feier gehäit.

[11] Ech deefen iech mat Waasser, fir datt dir ëmdenkt. Ma et gëtt een, deen no mir kënnt an dee méi staark ass wéi ech; ech sinn et net wäert, him seng Sandalen ze droen. Hien deeft iech mat hellegem Geescht a mat Feier. [12] Elo schonn huet hien d'Schëpp an der Hand, mat där mécht hien säin Denn propper a sammelt säi Weess an der Scheier. D'Kuef awer verbrennt hien an engem Feier, dat ni ausgeet."

[13] Wéi de Jesus aus Galiläa erof un de Jordan bei de Johannes komm ass, fir sech vun him deefen ze loossen, [14] wollt de Johannes hien dovun ofhalen a sot zu him: „Ech hätt et néideg, fir mech vun dir deefen ze loossen, an du kënns bei mech?" [15] De Jesus huet him geäntwert: „Looss gewäerden! Et ass nämlech un äis, déi ganz Gerechtegkeet z'erfëllen." Dunn huet de Johannes de Jesus gewäerde gelooss. [16] Soubal wéi de Jesus gedeeft war, ass hien aus dem Waasser eropkomm. A kuck, den Himmel ass opgemaach ginn, an de Jesus huet dem Herrgott säi Geescht gesinn op sech erofkomme wéi eng Dauf. [17] An eng Stëmm aus dem Himmel sot: „Dat hei ass

mäi Jong, an ech hunn hie gär; hie steet a menger Gonscht!"

---

[a] Is 40,3 LXX.

4 [1] Duerno gouf de Jesus vum Geescht an d'Wüüst gefouert, fir vum Däiwel op d'Prouf gestallt ze ginn. [2] 40 Deeg a 40 Nuechte laang huet hien do gefaascht; um Enn war hien hongereg. [3] Dunn ass deen, deen hien op d'Prouf stelle sollt, dohi komm a sot zu him: „Wann s du dem Herrgott säi Jong bass, da so, déi Steng hei solle Brout ginn!" [4] De Jesus huet him geäntwert: „Et steet geschriwwen: *De Mënsch lieft net nëmme vu Brout, ma vun all Wuert, dat aus dem Herrgott sengem Mond kënnt.*[a]" [5] Dueropshin huet den Däiwel hien an déi helleg Stad matgeholl an hien op d'Spëtzt vum Tempel gestallt. [6] Hie sot zu him: „Wann s du dem Herrgott säi Jong bass, da gehei dech hei erof! Et steet nämlech geschriwwen: *Wéinst denger gëtt hien sengen Engelen den Uerder,* an *si droen dech op den Hänn, fir datt s du dir de Fouss net un engem Stee stéiss.*[b]" [7] De Jesus sot: „Et steet och nach geschriwwen: *Du solls den Här, däi Gott, net op d'Prouf stellen!*[c]" [8] Duerno huet den Däiwel hien op e ganz héije Bierg matgeholl an him alleguer d'Räicher vun der Welt an hir Herrlechkeet gewisen. [9] Hie sot zu him: „All dat hei ginn ech dir, wann s du nidderfäls a mech ubiets." [10] Du sot de Jesus zu him: „Fort mat dir, Satan! Et steet näm-

lech geschriwwen: *Den Här, däi Gott, solls du ubieden, an him eleng solls du déngen!* [d] " [11] Dueropshin huet den Däiwel hie verlooss, a kuck, et sinn Engelen dohi komm an hunn hie bedéngt.

[12] Wéi de Jesus héieren huet, datt de Johannes an de Prisong gehäit gi war, huet hien sech a Galiläa zréckgezunn. [13] Hien ass do awer net zu Nazareth bliwwen, ma huet sech zu Kapharnaum um Séi niddergelooss, am Gebitt vu Sebulon an Naphtali, [14] fir datt sech dat erfëlle géif, wat de Prophéit Isaias gesot hat:

[15] *Land Sebulon a Land Naphtali,*
wou d'Strooss laanscht d'Mier féiert,
déisäit vum Jordan,
dat heednescht Galiläa:
[16] *Dat Vollek, dat an der Däischtert lieft,*
huet en hellt Liicht gesinn,
a fir déi, déi am Schieträich vum Doud liewen,
fir déi ass e Liicht opgaang. [e]

[17] Vun deem Ament un huet de Jesus ugefaang ze priedegen: „Denkt ëm, well d'Himmelräich ass um Kommen!"

[18] Wéi hien du laanscht de Séi vu Galiläa gaang ass, huet hien zwéi Bridder gesinn, de Simon, dee Péitrus genannt gouf, an den Andreas, säi Brudder. Si hu grad hiert Netz am Séi ausgehäit, si waren nämlech Fëscher. [19] Hie sot zu hinnen: „Kommt mir

no! Ech maachen aus iech Mënschefëscher." [20] Dunn hunn si direkt hir Netzer leie gelooss a sinn him nogaang. [21] Wéi hie vun do weidergoung, huet hien zwéin aner Bridder gesinn, de Jakobus, dem Zebedäus säi Jong, an de Johannes, säi Brudder. Mat hirem Papp, dem Zebedäus, waren si am Naachen amgaang, hir Netzer an d'Rei ze maachen. De Jesus huet si geruff, [22] an direkt hunn si den Naachen an hire Papp zréckgelooss a sinn dem Jesus nogaang.

[23] An hien ass duerch ganz Galiläa gaang, huet an de Synagogen d'Leit geléiert, d'Evangelium[f] vum Räich verkënnegt an all Krankheet an all Gebriechen am Vollek gheelt.

[24] Säi Ruff huet sech a ganz Syrien verbreet, an d'Leit hunn alleguer déi bei hie bruecht, déi krank waren, déi un ënnerschiddleche Kränkte gelidden hunn a Péng haten, déi vun Dämone besiess waren, alleguer déi Moundsüchteg an déi Gelähmt, an de Jesus huet si gheelt. [25] Vill Leit aus Galiläa an aus der Dekapolis, vu Jerusalem, aus Judäa a vun déisäit dem Jordan sinn him nogaang.

---

[a] Dtn 8,3.
[b] Ps 91,11f.
[c] Dtn 6,16.
[d] Dtn 6,13.
[e] Is 8,23 – 9,1.
[f] Evangelium heescht iwwersat „gutt Noriicht".

5 [1] Wéi de Jesus déi vill Leit gesinn huet, ass hien de Bierg eropgaang. Hien huet sech gesat, an seng Jünger si bei hie komm. [2] Dunn huet hien ugefaang, si ze léieren, a sot:

[3] „Glécklech déi, déi net vun sech ageholl sinn[a]
well fir si ass d'Himmelräich.
[4] Glécklech déi, déi traureg sinn,
well si gi getréischt.
[5] Glécklech déi, déi duuss sinn,
well si ierwen d'Land.
[6] Glécklech déi, déi Honger an Duuscht hunn
no Gerechtegkeet,
well si gi gesiedegt.
[7] Glécklech déi, déi baarmhäerzeg sinn,
well si kréie Baarmhäerzegkeet geschenkt.
[8] Glécklech déi, déi e rengt Häerz hunn,
well si kréien den Herrgott ze gesinn.
[9] Glécklech déi, déi Fridde schafen,
well si gi Kanner vum Herrgott genannt.
[10] Glécklech déi, déi wéinst der Gerechtegkeet
verfollegt ginn,
well fir si ass d'Himmelräich.

[11] Glécklech sidd dir, wann si iech wéinst menger Frechheete maachen, iech verfollegen an zu Onrecht allméiglech Béises iwwer iech soen. [12] Freet iech a jubiléiert, well äre Loun ass grouss am Himmel! Esou hunn si nämlech d'Prophéite virun iech verfollegt.

[13] Dir sidd d'Salz vun der Äerd! Wann awer dat Salz fad ginn ass, wouduerch kann et dann nees salzeg gemaach ginn? Et daacht näisch méi, et ass just nach gutt, fir erausgehäit a vun de Leit zertrëppelt ze ginn.

[14] Dir sidd d'Liicht vun der Welt! Eng Stad, déi uewen um Bierg läit, kann een net verstoppen. [15] Et fänkt ee jo och net eng Luucht un an 't stellt een se dann ënner e Sieschter, ma 't stellt een se op de Liichter, an da liicht se fir all déi, déi am Haus sinn. [16] Esou soll äert Liicht virun de Leit liichten, fir datt si är gutt Wierker gesinn an äre Papp am Himmel verherrlechen.

[17] Mengt net, ech wär komm, fir d'Gesetz oder d'Prophéiten ofzeschafen! Ech sinn net komm fir ofzeschafen, ma fir z'erfëllen. [18] Amen, ech soen iech: Bis den Himmel an d'Äerd verginn, vergeet net ee Jota an net een Tëppelche vum Gesetz, éier net alles geschitt ass. [19] Wien also och nëmmen eent vun deene klengste Geboter ofschaaft an d'Leit deemno léiert, dee gëllt herno am Himmelräich als dee Klengsten; wien se awer anhält an d'Leit deemno léiert, dee gëllt herno am Himmelräich als dee Gréissten.

[20] Well ech soen iech: Wann är Gerechtegkeet net méi wäit geet wéi de Schrëftgeléierten an de Pharisäer hir, da kommt dir net an d'Himmelräich eran.

[21] Dir hutt héieren, datt deene Generatioune virun iech gesot ginn ass: *Du solls keen doutmaachen!*[b] Wien een doutmécht, dee kënnt op d'Geriicht. [22] Ech awer soen iech: Jiddereen, deen iwwer säi Brudder rosen

| 27

ass, kënnt op d'Geriicht. A wien zu sengem Brudder seet: ‚Du Eefalt!', dee kënnt virun de Sanhedrin. A wie seet: ‚Du Topert!', dee kënnt an d'Feier vun der Häll. 23 Wann s du also deng Gof op den Altor dréis, fir se z'afferen, an do fält dir bäi, datt däi Brudder eppes géint dech huet, 24 da looss deng Gof virum Altor leien. Géi fir d'éischt hin, gëff nees gutt mat dengem Brudder, an da komm erëm an affer deng Gof! 25 Kuck fir séier mat dengem Géigner eens ze ginn, soulaang s du nach mat him ënnerwee bass, soss liwwert hien dech un de Riichter aus an dee liwwert dech un de Geriichtsdénger aus, an da gëss du an de Prisong gehäit! 26 Amen, ech soen dir: Do kënns du net eraus, bis du dee leschten Zantimm erëmginn hues.

27 Dir hutt héieren, datt gesot ginn ass: *Du solls d'Bestietnes net briechen!* c 28 Ech awer soen iech: Jiddereen, deen eng Fra begierlech bekuckt, huet an sengem Häerz scho mat hir d'Bestietnes gebrach. 29 Wann awer däi rietst A dech zum Béise verféiert, da rapp et eraus a gehei et ewech! Et ass besser fir dech, datt eent vun denge Glidder zugronn geet, wéi datt däi ganze Läif an d'Häll gehäit gëtt. 30 A wann deng riets Hand dech zum Béise verféiert, dann ha se erof a gehei se ewech! Et ass besser fir dech, datt eent vun denge Glidder zugronn geet, wéi datt däi ganze Läif an d'Häll kënnt.

31 Et ass och gesot ginn: Wien seng Fra entléisst, dee soll hir e Scheedungsbréif ginn! 32 Ech awer soen

iech: Jiddereen, deen seng Fra entléisst – ausser am Fall vun onerlaabtem Geschlechtsverkéier –, deet si d'Bestietnes briechen, a wien eng Fra bestit, déi entlooss ginn ass, dee brécht d'Bestietnes.

[33] A weider hutt dir héieren, datt deene Generatioune virun iech gesot ginn ass: Du solls kee falschen Eed doen; du solls dem Här géintiwwer deng Eeder halen! [34] Ech awer soen iech: Schwiert iwwerhaapt net – weder beim Himmel, well dat ass dem Herrgott säin Troun, [35] nach bei der Äerd, well dat ass d'Bänkelche fir seng Féiss, nach bei Jerusalem, well dat ass deem grousse Kinnek seng Stad. [36] A schwier och net bei dengem Kapp, well du kanns net een eenzegt Hoer wäiss oder schwaarz maachen. [37] Är Ried soll Jo sinn oder Neen; alles, wat doriwwer erausgeet, kënnt vum Béisen.

[38] Dir hutt héieren, datt gesot ginn ass: *A fir A*, an *Zant fir Zant*.[d] [39] Ech awer soen iech: Leescht deem Béise kee Widderstand! Am Géigendeel: Wann een dir eng op dee rietse Bak gëtt, dann hal him och deen aneren duer! [40] A wann een dir de Prozess maachen an däin Hiem huele wëllt, da looss him och de Mantel! [41] A wann een dech zwéngt, eng Meil mat him ze goen, da géi der zwou mat him! [42] A wann een dech fir eppes freet, da gëff him et, a wann een eppes vun dir léine wëllt, dann dréi him net de Réck!

[43] Dir hutt héieren, datt gesot ginn ass: Du solls däin Nächste gär hunn, an du solls däi Feind haassen! [44] Ech awer soen iech: Hutt är Feinde gär a biet fir

déi, déi iech verfollegen, 45 fir datt dir Kanner vun ärem Papp am Himmel gitt! Hie léisst nämlech seng Sonn opgoen iwwer deene Béise grad ewéi iwwer deene Gudden, an hie léisst et reenen op déi Gerecht grad ewéi op déi Ongerecht. 46 Wann dir nëmmen déi gär hutt, déi iech gär hunn, wat fir e Loun sollt dir duerfir kréien? Maachen net och d'Steierandreiwer dat? 47 A wann dir nëmmen är Geséschter gréisst, wat maacht dir dann Extraes? Maachen net och d'Heeden dat? 48 Dir sollt also vollkomme sinn, esou wéi äre Papp am Himmel vollkommen ass.

---

a Wuertwiertlech: déi aarm sinn am Geescht.
b Ex 20,13; Dtn 5,17.
c Ex 20,14; Dtn 5,18.
d Ex 21,24; Lev 24,20; Dtn 19,21.

6 1 Dot awer uecht, datt dir net är gerecht Wierker bei de Leit zou maacht, fir vun hinne gesinn ze ginn, soss kritt dir kee Loun vun ärem Papp am Himmel! 2 Wann s du also en Almose gëss, dann troter dat net aus, wéi déi Schäinhelleg et an de Synagogen an op de Gaasse maachen, fir vun de Leit geéiert ze ginn! Amen, ech soen iech: Si hunn hire Loun scho kritt. 3 Wann s du en Almose gëss, da soll deng lénks Hand net wëssen, wat deng riets mécht, 4 fir datt däin Almose geheim bleift! Däi Papp, deen och dat gesäit, wat verbuergen ass, belount dech derfir.

[5] A wann dir biet, da maacht et net wéi déi Schäinhelleg, déi sech gär an d'Synagogen an op d'Stroossenecke stelle fir ze bieden, an dat fir sech de Leit ze weisen! Amen, ech soen iech: Si hunn hire Loun scho kritt. [6] Wann s du biets, da géi an deng Kummer, maach deng Dier zou a biet zu dengem Papp, deen am Verbuergenen ass! Däi Papp, deen och dat gesäit, wat verbuergen ass, belount dech derfir. [7] Wann dir biet, da braddelt net wéi d'Heeden! Déi mengen nämlech, si géifen erhéiert ginn, wann si vill Wierder maachen. [8] Maacht hinnen et net no! Äre Papp weess schonn, wat dir néideg hutt, nach éier dir hie frot.

[9] Esou sollt dir also bieden:
Eise Papp am Himmel,
däin Numm sief gehellegt;
[10] däi Räich soll kommen;
däi Wëll soll geschéien,
wéi am Himmel sou och op der Äerd!
[11] Gëff äis haut dat Brout, dat mir brauchen;
[12] looss äis eis Schold no,
wéi och mir deenen, déi an eiser Schold sinn,
se nogelooss hunn;
[13] a féier äis net a Versuchung,[a]
ma maach äis fräi vum Béisen!

[14] Wann dir nämlech de Mënschen dat verzeit, wat si falsch gemaach hunn, da verzeit äre Papp am Himmel och iech. [15] Wann dir awer de Mënschen net

verzeit, da verzeit äre Papp och iech dat net, wat dir falsch gemaach hutt.

16 Wann dir faascht, da behuelt iech net wéi déi Schäinhelleg, déi däischter drakucken! Si schneiden e Gesiicht, fir de Leit ze weisen, datt si faaschten. Amen, ech soen iech: Si hunn hire Loun scho kritt. 17 Wann s du faaschts, da salef däi Kapp a wäsch däi Gesiicht, 18 fir net de Leit ze weisen, datt s du faaschts, ma nëmmen dengem Papp, deen am Verbuergenen ass! Däi Papp, deen och dat gesäit, wat verbuergen ass, belount dech derfir.

19 Heeft iech keng Schätz op der Äerd un, wou Matten a Rascht alles friessen a wou Déif abriechen a stielen. 20 Heeft iech léiwer Schätz am Himmel un, wou weder Matten nach Rascht alles friessen a wou Déif net abriechen an net stielen! 21 Well do, wou däi Schaz ass, do ass och däin Häerz.

22 D'A ass de Spigel vum Kierper.b Wann also däin A kloer ass, dann ass däi ganze Kierper hell. 23 Wann awer däin A béis ass, dann ass däi ganze Kierper däischter. A wann d'Liicht an dir Däischtert ass, wéi grouss ass dann eréisch d'Däischtert!

24 Kee Mënsch kann zwéin Hären déngen: Entweder haasst hien deen een an ass frou mat deem aneren, oder hien hänkt un deem engen a veruecht deen aneren. Dir kënnt net dem Herrgott déngen an an engems dem Mammon.

25 Duerfir soen ech iech: Maacht iech keng Suerge fir äert Liewen an doriwwer, wat dir iessen an drénke

32 |

sollt, an och net fir äre Kierper an doriwwer, wat dir undoe sollt. Ass d'Liewen net méi wéi de Kascht, an ass de Kierper net méi wéi d'Gezei? 26 Kuckt d'Vigel um Himmel: Se séien net, se huele keng Rekolt eran, an se kéipen näischt an der Scheier op, an dach gëtt äre Papp am Himmel hinnen hiert Fudder – dir awer, sidd dir net vill méi wäert wéi si? 27 Wie vun iech ka mat all senger Suerg säi Liewen och nëmmen ëm eng Grëtz verlängeren? 28 A firwat maacht dir iech Suerge fir äert Gezei? Kuckt iech d'Liljen um Feld un, wéi se wuessen: Se ploen sech net, an se spannen net een eenzege Fuedem, 29 an dach soen ech iech: Net emol de Salomon an all senger Herrlechkeet war gekleet ewéi eng vun hinnen. 30 Wa schonns den Herrgott d'Gras op der Wiss, dat haut do steet a muer am Uewe verbrannt gëtt, esou kleet, ëm wéivill méi dann iech, dir Klenggleeweg! 31 Maacht iech also keng Suergen! Frot net: ‚Wat solle mir iessen?‘, oder: ‚Wat solle mir drénken?‘, oder: ‚Wat solle mir undoen?‘! 32 All dat sichen nämlech d'Heeden. Äre Papp am Himmel weess, datt dir dat alles braucht. 33 Sicht dir fir d'éischt dem Herrgott säi Räich an seng Gerechtegkeet, all dat anert kritt dir dann derbäi. 34 Maacht iech keng Suerge fir muer, well den Dag vu muer suergt fir sech selwer. All Dag huet genuch eege Plo.

---

a Ze verstoen am Sënn vun: Looss net zou, datt mir a Versuchung gefouert ginn (hebräesche Permissiv).
b Wuertwiertlech: D'Luucht vum Kierper ass d'A.

7 [1] Riicht net, fir datt och dir net geriicht gitt! [2] Well esou, wéi dir riicht, gitt dir geriicht, a mat där Mooss, mat där dir moosst, gëtt fir iech gemooss. [3] Firwat gesäis du d'Spläiter an dengem Brudder sengem A, ma de Käffer an dengem A hëls du net an Uecht? [4] Wéi kanns du zu dengem Brudder soen: ,Looss mech d'Spläiter aus dengem A erauszéien!', an dobäi hues du e Käffer an dengem A? [5] Du Schäinhellegen, zéi fir d'éischt aus dengem A de Käffer eraus, an da kanns du kucken, fir d'Spläiter aus dengem Brudder sengem A erauszezéien.

[6] Gitt dat Hellegt net den Hënn a geheit är Pärelen net virun d'Sai, fir datt déi se net mat hire Féiss zer-trëppelen an sech dann ëmdréien an iech zerräissen!

[7] Frot, da gëtt iech ginn! Sicht, da fannt dir! Klappt, da gëtt iech opgemaach. [8] Well wie freet, dee kritt, a wie sicht, dee fënnt, a wie klappt, dee kritt op-gemaach. [9] Oder gëtt et ënner iech een, deen, wann hie vun sengem Jong fir Brout gefrot géif, him géif e Stee ginn, [10] a wann hie fir Fësch gefrot géif, him géif eng Schlaang ginn? [11] Wann also dir, déi dir béis sidd, amstand sidd, äre Kanner gutt Saachen ze ginn, wéi-vill méi gëtt äre Papp am Himmel deene Guddes, déi hien drëm froen!

[12] Alles, wat dir wëllt, datt d'Leit fir iech maachen, dat maacht och dir fir si! Dëst ass nämlech de Kär vum Gesetz a vun de Prophéiten.[a]

[13] Gitt duerch déi schmuel Paart eran! Well grouss ass d'Paart a breet ass de Wee, deen an d'Verdierwe

34 |

féiert, an et sinn der vill, déi op em eraginn. 14 Schmuel dergéint ass d'Paart an enk ass de Wee, deen an d'Liewe féiert, an et sinn der wéineg, déi e fannen.

15 Huelt iech an Uecht virun deene falsche Prophéiten, déi an engem Schofspelz bei iech kommen, bannendran awer raiberesch Wëllef sinn! 16 Un hire Friichten erkennt dir si. Pléckt een éire vun enger Därenheck Drauwen oder vun Dëschtele Figen? 17 Esou dréit all gudde Bam gutt Friichten, dee schlechte Bam dergéint dréit schlecht Friichten. 18 E gudde Bam ka keng schlecht Friichten droen, an e schlechte Bam ka keng gutt Friichten droen. 19 All Bam, dee keng gutt Friichten dréit, gëtt ëmgeha an an d'Feier gehäit. 20 Un hire Friichten also erkennt dir si.

21 Net jiddereen, deen ‚Här, Här!' zu mir seet, kënnt an d'Himmelräich, ma deejéinegen, deen dat mécht, wat mäi Papp am Himmel wëllt. 22 Deen Dag soen der vill zu mir: ‚Här, Här, si mir net an dengem Numm als Prophéit opgetratt, an hu mir net an dengem Numm Dämonen ausgedriwwen, an hu mir net an dengem Numm vill Wonner gewierkt?' 23 Da soen ech hinne klipp a kloer: ‚Ech kennen iech net. *Gitt fort vu mir, déi dir Onrecht gedoen hutt!*' b

24 Jiddereen, deen dës meng Wierder héiert an sech dono riicht, ass wéi e louse Mann, deen säin Haus op Fiels gebaut huet. 25 Wéi dunn eng Schauer niddergoung an d'Flëss geklomm sinn, wéi d'Stierm gehuerelt a widder d'Haus gefacht hunn, dunn ass et net an e Koup gefall, well et stoung op Fiels. 26 A

| 35

jiddereen, deen dës meng Wierder héiert an sech net dono riicht, ass wéi en topege Mann, deen säin Haus op Sand gebaut huet. ^{27} Wéi dunn eng Schauer niddergoung an d'Flëss geklomm sinn, wéi d'Stierm gehuerelt an um Haus gerappt hunn, dunn ass et an e Koup gefall, an de Schued war grouss."

^{28} Wéi de Jesus fäerdeg war mat senger Ried, waren d'Leit ausser sech iwwer seng Léier, ^{29} well hien huet si geléiert wéi een, deen Autoritéit huet, an net wéi hir Schrëftgeléiert.

---

^{a} Wuertwiertlech: Dëst ass nämlech d'Gesetz an d'Prophéiten.
^{b} Ps 6,9.

8 ^{1} Wéi de Jesus vum Bierg erofgaang ass, si vill Leit him nogaang. ^{2} Dunn ass en Aussätzegen dohi komm, huet sech virum Jesus niddergehäit a sot: „Här, wann s du wëlls, kanns du maachen, datt ech reng ginn^a." ^{3} De Jesus huet d'Hand ausgestreckt, huet hie beréiert a sot: „Ech wëll: Gëff reng!" Am selwechten Ament war de Mann vun sengem Aussaz gerenget. ^{4} De Jesus sot zu him: „Maach, datt s du kengem et sees, ma géi, weis dech dem Priister an affer déi Gof, déi de Moses virgeschriwwen huet, als Zeegnes fir si!"

^{5} Wéi de Jesus a Kapharnaum eragaang ass, ass e Centurio bei hie komm an huet hien ëm Hëllef gebieden. ^{6} Hie sot: „Här, mäi Kniecht läit gelähmt doheem an huet eng schecklech Péng." 7 De Jesus sot zu him: „Ech komme mat an heelen hien." 8 De Centurio huet him geäntwert: „Här, ech sinn net gutt genuch, datt s du bei mech heem kënns, ma so nëmmen ee Wuert, da gëtt mäi Kniecht gesond! 9 Och ech sinn nämlech e Mënsch, deen enger Autoritéit ënnersteet, an ech selwer hunn Zaldoten ënner mir. Wann ech zu deem enge soen: ‚Géi!', da geet hien, an zu deem aneren: ‚Komm!', da kënnt hien, an zu mengem Dénger: ‚Maach dat do!', da mécht hien et." 10 Wéi de Jesus dat héieren huet, huet hien sech gewonnert, an hie sot zu deenen, déi him nogaang sinn: „Amen, ech soen iech: Bei kengem an Israel hunn ech esou e grousse Glawe fonnt! 11 Ech soen iech: Vill kommen der vu Sonnenopgang a Sonnenënnergang a sëtzen sech mat dem Abraham, dem Isaak an dem Jakob am Himmelräich un den Dësch. 12 Déi awer, fir déi d'Räich bestëmmt war, ginn erausgehäit, an d'Däischtert; do gëtt gejéimert a mat den Zänn gegrätscht." 13 Du sot de Jesus zum Centurio: „Géi! Esou wéi s du gegleeft hues, soll et dir geschéien." An an därselwechter Stonn ass dem Centurio säi Kniecht gesond ginn.

14 Wéi de Jesus am Péitrus säin Haus komm ass, huet hien dem Péitrus seng Schwéiermamm mat Féiwer do leie gesinn. 15 Dunn huet hien hir Hand beréiert, an d'Féiwer ass vun hir gewach. Si ass opgestan an huet hie bedéngt.

[16] Wéi et awer Owend gouf, hunn d'Leit der vill bei hie bruecht, déi vun Dämone besiess waren, a mat engem Wuert huet hien d'Geeschter ausgedriwwen, an alleguer déi Krank huet hie geheelt. [17] Esou huet sech dat erfëllt, wat de Prophéit Isaias gesot hat: *Hien huet eis Schwaachheet op sech gehol, an eis Krankheeten huet hie gedroen.*[b]

[18] Wéi de Jesus déi vill Leit ëm sech gesnn huet, huet hien den Uerder ginn, fortzefueren op déi aner Säit. [19] Dunn ass e Schrëftgeléierten dohi komm a sot zu him: „Meeschter, ech wëll dir nokommen, egal wuer s du higeess." [20] Du sot de Jesus zu him: „D'Füss hunn Hillechten, an d'Vigel vum Himmel hunn Näschter. De Mënschejong awer huet keng Plaz, wuer hien säi Kapp hileeë kann." [21] En anere vun senge Jünger sot zu him: „Här, erlab mir, fir d'éischt fortzegoen a mäi Papp ze begruewen!" [22] De Jesus awer sot zu him: „Komm mir no a looss déi Doudeg hir Doudeg begruewen!"

[23] Dunn ass de Jesus an den Naache geklomm an seng Jünger hannendrun. [24] Op dem Mier awer ass op eemol e grousst Biewen entstan, esou datt d'Wellen an den Naachen eragschloen hunn. De Jesus awer huet geschlof. [25] D'Jünger si bei hie komm, hunn hie waakreg gemaach a soten: „Här, rett [äis], mir ginn zugronn!" [26] Hie sot zu hinnen: „Firwat fäert dir esou, dir Klenggleeweger?" Dunn ass hien opgestan an huet dem Wand an dem Mier gedreet. Dueropshin ass um Mier eng grouss Stëllt agetratt. [27] D'Leit awer

waren al verwonnert a soten: „Wien ass deen do, datt esouguer de Wand an d'Mier him folleger?"

28 Wéi de Jesus op déi aner Säit an d'Land vun de Gadarener komm ass, sinn him zwéi vun Dämone Besiessener begéint, déi aus de Griewer erauskomm waren an déi esou wëll waren, datt keen op deem Wee laanschtgoe konnt. 29 Si hu gejaut: „Wat hu mir mat dir ze doen, Jong vum Herrgott? Bass du hei-hinner komm, fir äis ze péngegen, éier d'Zäit do ass?" 30 Wäit ewech vun hinne war en Trapp mat ville Schwäin op enger Wee. 31 D'Dämonen hunn de Jesus gebieden: „Wann s du äis ausdreifs, da schéck äis an deen Trapp Schwäin!" 32 Hie sot zu hinnen: „Fort mat iech!" Du sinn d'Dämonen aus deene Be-siessenen erausgefuer an an d'Schwäin eragefuer, an dee ganzen Trapp huet sech vum Fiels erof an d'Mier gestierzt, an si sinn am Waasser ëmkomm. 33 D'Hier-den awer si fortgelaf a sinn alles an d'Stad erziele gaang, och dat, wat mat deene vun Dämone Be-siessene geschitt war. 34 Dunn ass déi ganz Stad erausgaang, dem Jesus entgéint, a wéi si hie gesinn hunn, hunn si hie gebieden, aus hirem Gebitt fort-zegoen.

---

a Reng ginn oder reng sinn respektiv rengegen betreffen esou-wuel d'Gesondheet wéi och déi kultesch Rengheet. E Mënsch, deen onreng war, war och aus der Gesellschaft ausgeschloss.
b Is 53,4.

9 [1] De Jesus ass an en Naache geklomm, op déi aner Säit gefuer an an seng Stad gaang. [2] Do hunn d'Leit e Gelähmte bei hie bruecht, deen op enger Drobier louch. Wéi de Jesus hire Glaf gesinn huet, sot hien zu deem Gelähmten: „Hief Kuraasch, Kand! Deng Sënne sinn dir nogelooss!" [3] Dueropshin hunn der e puer vun de Schrëftgeléierten sech gesot: „Deen do lästert den Herrgott!" [4] De Jesus wousst, wat si geduecht hunn, a sot: „Firwat denkt dir Béises an ärem Häerz? [5] Wat ass da méi liicht ze soen: ‚Deng Sënne sinn dir nogelooss!', oder ze soen: ‚Stéi op a géi!'? [6] Dir sollt awer wëssen, datt de Mënschejong Muecht huet, op der Äerd Sënnen nozelossen." An hie sot zu deem Gelähmten: „Stéi op, hief deng Drobier op a géi heem!" [7] De Mann ass opgestan an ass heemgaang. [8] Wéi d'Leit dat gesinn hunn, hunn si et mat der Angscht ze doe kritt, an si hunn den Herrgott gelueft, deen de Mënschen esou eng Muecht ginn huet.

[9] Wéi de Jesus vun do fortgaang ass, huet hien e Mann, dee Matthäus geheescht huet, beim Oktroishaische sëtze gesinn, an hie sot zu him: „Komm mir no!" Dunn ass de Mann opgestan an ass him nogaang.

[10] A wéi de Jesus am Haus bei Dësch war, kuck, du si vill Steierandreiwer a Sënner komm an hunn sech mat him an senge Jünger un den Dësch gesat. [11] D'Pharisäer, déi dat gesinn hunn, soten zu de Jünger: „Firwat ësst äre Meeschter mat de Steieran-

dreiwer an de Sënner?" [12] De Jesus awer huet et héieren a sot: „Et sinn net déi Gesond, déi en Dokter brauchen, ma déi Krank. [13] Dir awer gitt a léiert, wat et heescht: *Baarmhäerzegkeet wëll ech, an net Affer!*[a] Ech sinn nämlech net komm, fir déi Gerecht ze ruffen, ma d'Sënner."

[14] Dono sinn dem Johannes seng Jünger bei de Jesus komm a soten: „Firwat faaschte mir an d'Pharisäer [esou vill], ma deng Jünger, déi faaschten net?" [15] De Jesus sot zu hinnen: „Kënnen dann éiren d'Hochzäitsgäscht traueren, soulaang de Bräitchemann bei hinnen ass? Ma den Dag kënnt, wou de Bräitchemann vun hinnen ewechgeholl gëtt, an da faaschten si.

[16] 't gëtt keen, deen e Stéck ongewallekte Stoff op en ale Mantel setze géif, well soss rapp d'Fléck sech vum Mantel lass, an de Rass gëtt nach méi uerg. [17] Et schétt een och net neie Wäin an al Schläich, soss platzen d'Schläich, de Wäi leeft aus, an d'Schläich si futti. Neie Wäi schétt een an nei Schläich, da bleiwen déi béid erhalen."

[18] Nodeems hien dat zu hinne gesot hat, koum ee Verantwortleche [vun der Synagog], huet sech virun him op de Buedem gehäit a sot: „Meng Duechter ass elo just gestuerwen. Komm dach a lee hir d'Hand op, da gëtt si nees lieweg!" [19] De Jesus ass opgestan an ass him mat senge Jünger nogaang. [20] Dunn ass eng Fra, déi zënter zwielef Joer u Bluddunge gelidden huet, vun hannen erbäikomm an huet de Sam

vun sengem Mantel ugepaakt. 21 Si huet sech nämlech gesot: „Wann ech och nëmmen säi Mantel upaken, da ginn ech gerett!" 22 De Jesus huet sech ëmgedréit, a wéi hien si gesinn huet, sot hien: „Hief Kuraasch, meng Duechter! Däi Glaf huet dech gerett!" A vun där Stonn u war d'Fra gerett. 23 Wéi de Jesus an deem Verantwortleche [vun der Synagog] säin Haus komm ass an do d'Flüttespiller an d'Leit, déi an Oprou waren, gesinn huet, 24 sot hien: „Eraus mat iech! D'Meedchen ass net dout, hatt schléift nëmmen!" Ma si hunn hien ausgelaacht. 25 Nodeems déi sëllege Leit erausgehäit gi waren, ass de Jesus eragaang. Hien huet d'Meedche mat der Hand geholl, an dunn ass hatt opgestan. 26 D'Gespréich doriwwer huet sech am ganze Land verbreet.

27 Wéi de Jesus vun do fortgaang ass, sinn zwéi Blanner him nogaang, déi geruff hunn: „Erbaarm dech eiser, Jong vum David!" 28 Nodeems hien an d'Haus eragaang war, sinn déi Blann bei hie komm. An hien huet si gefrot: „Gleeft dir, datt ech d'Muecht hunn, dat ze maachen?" Si hunn him geäntwert: „Jo, Här." 29 Dueropshin huet hien hir Ae beréiert a sot: „Ärem Glawen no soll et fir iech geschéien!". 30 Du sinn hir Aen opgemaach ginn. De Jesus huet hinnen ausdrécklech un d'Häerz geluecht: „Maacht, datt keen eppes heivunner gewuer gëtt!" 31 Si awer sinn erausgaang an hunn am ganze Land vun him erzielt.

32 Nodeems si erausgaang waren, hunn d'Leit e stomme Mënsch, dee vun engem Dämon besiess

war, bei de Jesus bruecht. 33 Wéi den Dämon ausgedriwwe war, huet de Stomme geschwat. D'Leit ware verwonnert, an si soten: „Esou eppes ass nach ni an Israel gesi ginn!" 34 D'Pharisäer awer soten: „Duerch deen Ieweschte vun den Dämonen dreift hien d'Dämonen aus."

35 De Jesus ass an alleguer d'Stied an d'Dierfer gaang, hien huet an de Synagogen d'Leit geléiert an d'Evangelium vum Räich verkënnegt, an hien huet all Krankheet an all Gebrieche geheelt.

36 Wéi hien déi vill Leit gesinn huet, huet et him am Häerz wéigedoen, well si waren um Enn, an si waren doruechter verspreet *wéi Schof, déi keen Hiert hunn*b. 37 Du sot hien zu senge Jünger: „D'Rekolt ass grouss, ma d'Aarbechter sinn net zu dacks. 38 Biet duerfir den Här, datt hien Aarbechter an seng Rekolt erausschéckt!"

---

a Hos 6,6.
b Num 27,17; Jdt 11,19; 2 Chr 18,16.

10 1 An hien huet seng zwielef Jünger bei sech geruff an hinne Muecht iwwer onreng Geeschter ginn, esou datt si se ausdreiwen an all Krankheet an all Gebriechen heele konnten.

2 Deenen zwielef Apostelen hir Nimm sinn déi heiten: fir d'éischt de Simon, dee Péitrus genannt gouf, an den Andreas, säi Brudder; de Jakobus, dem

Zebedäus säi Jong, an de Johannes, säi Brudder; 3 de Philippus an de Bartholomäus; den Thomas an de Matthäus, de Steierandreiwer; de Jakobus, dem Alphäus säi Jong, an den Thaddäus; 4 de Simon, de Kananäer, an de Judas Iskarioth, deen de Jesus verroden huet.

5 Dës Zwielef huet de Jesus erausgeschéckt, an hien huet hinnen den Uerder ginn: „Gitt net op de Wee vun den Heeden, a gitt net an eng vun de Samariter hire Stied eran, 6 ma gitt villméi bei déi verluere Schof aus dem Haus Israel! 7 Verkënnegt ënnerwee: ‚D'Himmelräich ass um Kommen!' 8 Heelt Kranker, erwächt Doudeger, rengegt Aussätzeger, dreift Dämonen aus! Fir näischt hutt dir kritt, fir näischt sollt dir ginn!

9 Schaaft iech keng Gold-, keng Sëlwer- a keng Koffermënze fir an äre Rimm un, 10 kee Kuuschtesak fir ënnerwee, keng zwee Hiemer, keng Sandalen a kee Staf. Den Aarbechter huet nämlech säin Iessen zegutt. 11 Wann dir an eng Stad oder an en Duerf eragitt, dann ëmfrot iech, wien doranner et wäert ass, [iech opzehuelen]. Bleift dann do, bis dir nees fortgitt. 12 Wann dir an dat Haus eragitt, da gréisst et. 13 A wann d'Haus et wäert ass, da soll äre Fridden op em rouen. Wann d'Haus et awer net wäert ass, da soll äre Fridde bei iech hannescht kommen. 14 A wann een iech net ophëlt an net op är Wierder lauschtert, da gitt aus deem Haus oder där Stad eraus a rësel de Stëbs vun Äre Féiss erof. 15 Amen, ech

44 |

soen iech: Um Dag vum Geriicht ergeet et dem Gebitt vu Sodom a Gomorra méi gelënd wéi där Stad do.

16 Kuckt, ech schécken iech wéi Schof matzen ënner d'Wëllef. Sidd also esou lous wéi d'Schlaangen an esou onschëlleg wéi d'Dauwen!

17 Huelt iech awer an Uecht virun de Mënschen! Si liwweren iech nämlech un d'Geriichter aus, an an hire Synagogen, do gäisselen si iech. 18 Och viru Gouverneuren a Kinneke gitt dir da geschleeft wéinst menger, fir esou bei hinnen a bei den Heeden Zeegnes ze ginn. 19 Wann si iech awer ausliwweren, da maacht iech keng Suergen driwwer, wéi dir schwätzen oder wat dir soe sollt, well an där Stonn kritt dir dat, wat dir soe sollt, an de Mond geluecht. 20 Deen Ament sidd dir et nämlech net, déi schwätzen, ma et ass de Geescht vun ärem Papp, deen dann an iech schwätzt.

21 Ee Brudder liwwert deen aneren aus, fir hien doutmaachen ze loossen, an d'nämmlecht liwwert e Papp säi Kand aus, a Kanner erhiewen sech géint hir Elteren a maachen si dout. 22 Wéinst mengem Numm gitt dir vun en all gehaasst. Wien awer duerhält bis un d'Enn, dee gëtt gerett.

23 Wann si iech an där Stad verfollegen, da laaft fort an déi nächst. Amen, ech soen iech: Dir gitt op kee Fall fäerdeg mat de Stied vun Israel, bis de Mënschejong kënnt. 24 E Jünger steet net iwwer dem Meeschter an en Dénger net iwwer sengem Här.

[25] Et geet dem Jünger duer, datt hie wéi säi Meeschter gëtt, an den Dénger wéi säin Här. Wann si den Haushär schonns Beelzebul genannt hunn, ëm wéivill méi déi, déi mat him am Haus wunnen!

[26] Fäert also d'Mënschen net! Et ass nämlech näischt zougedeckt, wat net géif opgedeckt ginn, an et ass näischt verbuergen, wat net géif bekannt ginn. [27] Wat ech iech an der däischterer Nuecht soen, dat verzielt am hellen Do! A wat dir an d'Ouer gepëspert kritt, dat verkënnegt op den Diech! [28] Fäert net déi, déi zwar de Kierper doutmaachen, ma déi d'Séil net doutmaache kënnen! Fäert villméi deen, deen esouwuel d'Séil wéi och de Kierper an der Häll zerstéiere kann! [29] Ginn net zwéi Spatze fir een Zantimm verkaaft? An dach, ouni äre Papp fält net een Eenzege vun hinnen op de Buedem erof. [30] Bei iech awer sinn esouguer d'Hoer um Kapp alleguer gezielt. [31] Fäert also net! Dir sidd méi wäert wéi déi sëllege Spatzen.

[32] Wien zu mir hält bei de Mënschen, zu deem halen och ech bei mengem Papp am Himmel. [33] Wie mech awer verleegent virun de Mënschen, dee verleegenen och ech viru mengem Papp am Himmel.

[34] Mengt net, ech wär komm, fir Fridden op d'Äerd ze bréngen. Ech sinn net komm, fir Fridden ze bréngen, ma d'Schwäert. [35] Ech sinn nämlech komm, fir d'Mënschen auseneen ze bréngen: *E Jong geet géint säi Papp, eng Duechter géint hir Mamm, eng Schnauer géint hir Schwéiermamm;* [36] an *déi, déi mat engem Mënsch am selwechten Haus liewen, ginn seng Feinden*[a].

46 |

[37] Wie méi frou mat sengem Papp oder senger Mamm ass wéi mat mir, deen ass menger net wäert, a wie méi frou mat sengem Jong oder senger Duechter ass wéi mat mir, deen ass menger net wäert, [38] a wien net säi Kräiz hëlt a mir nokënnt, deen ass menger net wäert. [39] Wien säi Liewe fënnt, dee verléiert et, ma wien säi Liewe wéinst menger verléiert, dee fënnt et.

[40] Wien iech ophëlt, deen hëlt mech op, a wie mech ophëlt, hëlt deen op, dee mech geschéckt huet. [41] Wien e Prophéit ophëlt, well et e Prophéit ass, dee kritt engem Prophéit säi Loun, a wien e Gerechten ophëlt, well et e Gerechten ass, dee kritt engem Gerechte säi Loun. [42] A wien engem Eenzege vun dëse Klengen e Becher Waasser ze drénke gëtt, well et e Jünger ass, amen, ech soen iech: Säi Loun geet him ganz sécher net verluer."

---

[a] Mi 7,6.

11

[1] Nodeems de Jesus mat den Uweisungen un seng zwielef Jünger fäerdeg war, ass hie von do weidergaang, fir an hire Stied d'Leit ze léieren a fir ze priedegen.

[2] De Johannes hat am Prisong vum Christus senge Wierker héieren. Duerfir huet hien seng Jünger dohi geschéckt, [3] fir hien ze froen: „Bass du deen, dee komme soll, oder solle mir op en anere waarden?" [4] De Jesus huet hinne geäntwert: „Gitt hin an

erzielt dem Johannes, wat dir héiert a gesitt: 5 Déi Blann gesinn nees, an déi Schlamm kënnen erëm goen; déi Aussätzeg gi gerengegt, an déi Daf héieren op en Neis; déi Doudeg ginn erwächt, an deenen Aarme gëtt eng gutt Noriicht verkënnegt. 6 A glécklech ass dann deen, deen u mir keen Ustouss hëlt."

7 Wéi dem Johannes seng Jünger fort waren, huet de Jesus ugefaang, mat de Leit iwwer hien ze schwätzen. Hie sot: „Wat wollt dir iech ukucken, wéi dir an d'Wüüst erausgaang sidd? En Hallem, dee vum Wand hin an hier geblose gëtt? 8 Oder wat wollt dir gesinn, wéi dir erausgaang sidd? E Mënsch, deen a Seid a Samett gekleet ass? Kuckt, Leit, déi a Seid a Samett gekleet sinn, déi sinn an de Kinnekshaiser. 9 Oder wat wollt dir gesinn, wéi dir erausgaang sidd? E Prophéit? Jo, ech soen iech, esouguer méi wéi e Prophéit. 10 De Johannes ass et, iwwer dee geschriwwe steet:

Kuck, ech schécke mäi Buet virun dir hier:
*Hie geet virun dir a bereet däi Wee vir.*ᵃ

11 Amen, ech soen iech: Vun all deenen, déi jee vun enger Fra gebuer goufen, ass kee méi grouss wéi de Johannes den Deefer – an dach ass dee Klengsten am Himmelräich méi grouss wéi hien.

12 Zënter der Zäit vum Johannes dem Deefer bis haut gëtt dem Himmelräich Gewalt ugedoen, an déi, déi em Gewalt undoen, rappen et un sech. 13 Alle-

guer d'Prophéiten an d'Gesetz bis hi bei de Johannes hunn dat nämlech virausgesot, [14] a wann dir et unhuele wëllt: Hien ass den Elias, dee komme soll. [15] Wien Oueren huet, dee soll lauschteren!

[16] Mat wiem awer soll ech dës Generatioun vergläichen? Se gläicht Kanner, déi op de Maartplaze sëtzen an deenen aneren zouruffen: [17] ‚Mir hu fir iech op der Flütt gespillt, an dir hutt net gedanzt; mir hunn Trauerlidder gesong, an dir hutt iech net un d'Broscht geschloen!' [18] De Johannes ass nämlech komm, hien ësst net an hien drénkt net, an si soen: ‚Hien ass vun engem Dämon besiess!' [19] De Mënschejong ass komm, hien ësst an hien drénkt, an si soen: ‚Kuckt, wat ass hien e Fréisser an e Sëffer, e Frënd vu Steierandreiwer a vu Sënner!' An dach huet d'Weisheet duerch hir Dote recht kritt!"

[20] Dunn huet de Jesus ugefaang, géint déi Stied, an deenen seng vill Wierker geschitt waren, ze wiederen, well se net ëmgeduecht haten: [21] „Gare denger, Chorazin! Gare denger, Bethsaida! Wann nämlech déi Wierker, déi bei iech geschitt sinn, zu Tyrus an zu Sidon geschitt wären, dann hätten déi scho laang a Sak an Äschen ëmgeduecht! [22] Ma ech soen iech: Tyrus a Sidon ergeet et um Dag vum Geriicht méi gelënd ewéi iech! [23] An du, Kapharnaum, *gëss du éire bis an den Himmel eropgehuewen? Neen, bis an d'Doudewelt gëss du erofgehäit!*[b] Wann nämlech déi Wierker, déi bei dir geschitt sinn, zu Sodom geschitt wären, da géif et haut nach bestoen! [24] Ma ech soen

iech: Dem Gebitt vu Sodom ergeet et um Dag vum Geriicht méi gelënd ewéi dir!"

25 Där Deeg een huet de Jesus gesot: „Ech luewen dech, Papp, Här vum Himmel a vun der Äerd, well s du dat hei virun deene Verstännegen a Gescheite verbuerge gehal an et deene Klenge bekannt gemaach hues. 26 Jo, Papp, esou huet et dir gefall. 27 Ech krut vu mengem Papp alles uvertraut. Et erkennt keen de Jong, ausser dem Papp, an et erkennt keen de Papp, ausser dem Jong an deemjéinegen, deem de Jong et bekannt maache wëllt.

28 Kommt all hier bei mech, déi dir iech kristillegt a schwéier Laaschten ze droen hutt; bei mir kënnt dir raschten. 29 Huelt mäi Jach op iech a léiert vu mir, well ech si vu ganzem Häerz duuss an damiddeg, an *dir fannt Rou fir är Séil*c. 30 Mäi Jach ass nämlech net schwéier ze droen, a meng Laascht ass liicht."

---

a Ex 23,20; Mal 3,1.
b Is 14,13.15.
c Jer 6,16.

12 1 Deemools ass de Jesus um Sabbat duerch d'Karstécker gaang. Seng Jünger waren hongereg an hunn ugefaang, Éien ofzerappen an z'iessen. 2 D'Pharisäer, déi dat gesinn hunn, soten zum Jesus: „Kuck, deng Jünger maachen eppes, wat op engem Sabbat net erlaabt ass!" 3 De Jesus awer sot zu hinnen: „Hutt

dir net gelies, wat den David gemaach huet, wéi hien hongereg war, grad ewéi déi, déi bei him waren? 4 Wéi hien an dem Herrgott säin Haus eragaang ass, a wéi si dat geweitent Brout giess hunn – dat weder hien nach déi, déi bei him waren, hunn däerfen iessen, ma nëmme just d'Priister? 5 Oder hutt dir net am Gesetz gelies, datt um Sabbat d'Priister am Tempel de Sabbat entweien an trotzdeem onschëlleg sinn? 6 Ech awer soen iech: Hei geet et ëm méi eppes Grousses wéi ëm den Tempel!a 7 Wann dir awer erkannt hätt, wat et heescht: *Baarmhäerzegkeet wëll ech, an net Affer!*b, dann hätt dir déi Onschëlleg net veruerteelt. 8 De Mënschejong ass nämlech Här iwwer de Sabbat."

9 Wéi de Jesus vun do aus virugaang ass, ass hien an hir Synagog komm. 10 Do war e Mann, deen eng verkrëppelt Handc hat. Si hunn de Jesus gefrot: „Ass et erlaabt, um Sabbat ze heelen?", fir datt si hien ukloe kéinten. 11 Hien awer sot zu hinnen: „Wie vun iech, deen een eenzegt Schof huet, géif, wann et um Sabbat an en déift Lach fält, net no em gräifen an et erauszéien? 12 E Mënsch ass dach esou vill wäert wéi e Schof! Dofir ass et och erlaabt, um Sabbat Guddes ze doen." 13 Dueropshi sot hien zum Mann: „Streck deng Hand aus!" De Mann huet se ausgestreckt, an se gouf nees esou gesond wéi déi aner. 14 Du sinn d'Pharisäer erausgaang an hunn sech doriwwer beroden, wéi si de Jesus ëmbrénge kéinten.

15 Wéi de Jesus dat gewuer ginn ass, ass hie vun do fortgaang. Vill Leit sinn him nogaang, an hien

huet si alleguer geheelt. 16 Hien huet hinnen den Uerder ginn, hien net [doruechter] bekannt ze maachen, 17 fir datt d'Wierder vum Prophéit Isaias erfëllt géifen, dee gesot hat:

18 *Kuckt mäi Kniecht, deen ech auserwielt hunn,*
deen ech gär hunn an dee menger Séil gefällt!
Ech leeë mäi Geescht op hien,
an da verkënnegt hien de Vëlleker d'Recht.
19 *Hie streit net a jäizt net,*
an op de Stroossen héiert kee Mënsch seng Stëmm.
20 *E geknéckten Hallem brécht hien net of,*
an eng Wick, déi glüst, mécht hien net aus,
bis datt d'Recht d'Iwwerhand kritt.

21 An d'Vëlleker setzen dann hir Hoffnung an säin Numm.d

22 Dunn ass e Mann, dee vun engem Dämon besiess war an dee blann a stomm war, bei de Jesus bruecht ginn, an de Jesus huet hie geheelt, esou datt dee Stomme schwätzen a gesi konnt. 23 D'Leit sinn all ausser sech geroden a soten: „Ass deen doten net éieren de Jong vum David?" 24 D'Pharisäer awer, déi dat héieren hunn, soten: „Deen doten dreift d'Dämonen dach nëmmen duerch de Beelzebul aus, den Ieweschte vun den Dämonen!" 25 De Jesus, deen hir Gedanke kannt huet, sot zu hinnen: „All Räich, dat mat sech selwer oneens ass, gëtt dem Äerdbuedem gläichgemaach, a keen Duerf oder Haus, dat mat

sech selwer oneens ass, bleift bestoen. 26 A wann de Satan de Satan ausdreift, ass hie mat sech selwer oneens. Wéi soll dann säi Räich bestoe bleiwen? 27 A wann ech duerch de Beelzebul d'Dämonen ausdreiwen, duerch wien dreiwen dann är Leit se aus? Duerfir ginn si dann är Riichter. 28 Wann ech awer duerch dem Herrgott säi Geescht d'Dämonen ausdreiwen, dann ass dem Herrgott säi Räich scho bei iech komm. 29 Oder wéi kann e Mënsch an engem staarke Mann säin Haus eragoen an deem säin Habb a Gutt stielen, wann hien dee Staarken net virdrun ugestréckt huet? Duerno raibert hien dann säin Haus aus. 30 Wien net mat mir ass, deen ass géint mech, a wien net mat mir sammelt, dee jeet auserneen.

31 Duerfir soen ech iech: All Sënd a Lästerung gëtt de Mënsche verzien, d'Lästerung géint de Geescht awer gëtt net verzien. 32 Wien eppes géint de Mënschejong seet, deem gëtt verzien. Wien awer eppes géint den hellege Geescht seet, deem gëtt net verzien, weder an dëser Welt, nach an där, déi kënnt.

33 Entweder dir haalt e Bam fir gutt an och seng Friichte fir gutt, oder dir haalt e Bam fir schlecht an och seng Friichte fir schlecht: Well un senge Friichten erkennt een e Bam. 34 Dir Schlaangebrutt, wéi kënnt dir eppes Guddes soen, wou dir dach béis sidd? Well wouvunner d'Häerz voll ass, dovunner leeft de Mond iwwer. 35 Dee gudde Mënsch bréngt aus deem gudde Schaz Guddes ervir, an dee béise Mënsch bréngt aus deem béise Schaz Béises ervir.

| 53

[36] Ech soen iech: Iwwer all onnëtzt Wuert, dat d'Mënsche soen, mussen si um Dag vum Geriicht Rechenschaft ofleeën. [37] Opgrond vun denge Wierder gëss du nämlech fräigesprach, an opgrond vun denge Wierder gëss du veruerteelt."

[38] Dueropshin hunn der e puer vun de Schrëftgeléierten an de Pharisäer him geäntwert: „Meeschter, mir géife gär vun dir en Zeeche gesinn." [39] De Jesus awer huet hinne geäntwert: „Eng Generatioun, déi béis ass a friemgeet, fuerdert en Zeechen. Ma en Zeeche gëtt hir net ginn, 't sief dann d'Zeeche vum Jonas, dem Prophéit. [40] Well esou wéi de Jonas dräi Deeg an dräi Nuechten am Bauch vum Fësch war, esou ass dann de Mënschejong dräi Deeg an dräi Nuechten am Schouss vun der Äerd. [41] Männer vun Ninive stellen sech da beim Geriicht géint dës Generatioun, an si veruerteelen se, well si op dem Jonas seng Verkënnegung hin ëmgeduecht hunn – a kuck, hei ass een, dee méi ass wéi de Jonas! [42] An d'Kinnigin vum Süden steet da beim Geriicht op géint dës Generatioun, an si veruerteelt se, well si vum Enn vun der Welt hierkomm ass, fir dem Salomon seng Weisheet ze héieren – a kuck, hei ass een, dee méi ass wéi de Salomon!

[43] Wann en onrenge Geescht awer aus engem Mënsch erausgefuer ass, dann zitt hien duerch dier Géigenden a sicht eng Plaz fir ze raschten, ma hie fënnt keng. [44] Da seet hien: ‚Ech ginn hannescht a mäin Haus, aus deem ech fortgaang war.' Do ukomm,

fënnt hien et eidel, propper gebotzt a schéin an d'Rei gemaach. ^{45} Da geet hien hin an hëlt siwen aner Geeschter mat, déi nach méi béis si wéi hie selwer, an si ginn eran a wunnen do. An dann ass dee Mënsch um Enn nach méi schlëmm dru wéi um Ufank. Gradesou ergeet et dëser béiser Generatioun.

^{46} Iwwerdeems wou de Jesus mat de Leit am Gespréich war, stoungen seng Mamm an seng Bridder dobaussen a wollte mat him schwätzen. [^{47} Du sot een zu him: „Kuck, deng Mamm an deng Bridder stinn dobaussen a wëlle mat dir schwätzen!"] ^{48} Hien awer huet deem, deen him dat gesot hat, geäntwert: „Wien ass meng Mamm, a wie si meng Bridder?" ^{49} An hien huet d'Hand ausgestreckt, op seng Jünger gewisen a gesot: „Kuckt, hei si meng Mamm a meng Bridder. ^{50} Well deen, deen dat mécht, wat mäi Papp am Himmel wëllt, deen ass mäi Brudder, meng Schwëster a meng Mamm."

---

^{a} Wuertwiertlech: Hei ass méi eppes Grousses wéi den Tempel.
^{b} Hos 6,6.
^{c} Wuertwiertlech: eng verdréchent Hand.
^{d} Is 42,1-4.

13 ^{1} Deen Dag ass de Jesus aus dem Haus erausgaang an huet sech bei de Séi gesat. ^{2} Eng Onmass Leit si bei him zesummekomm, esou datt hien an en

Naache geklomm ass an sech gesat huet, iwwerdeems d'Leit alleguer um Uwänner stoungen.

3 An hien huet hinne villes a Gläichnesser verzielt. Hie sot: „E Mann ass erausgaang fir ze séien. 4 Iwwerdeems hie geséit huet, ass en Deel vum Som op de Wee gefall, an d'Vigel si komm an hunn en opgepickt. 5 En aneren Deel ass op stengege Grond gefall, wou net vill Buedem war, an huet eenzock ugefaang opzegoen, well de Buedem keng Déift hat. 6 Wéi awer d'Sonn opgaang ass, gouf e versengt, a well e keng Wuerzelen hat, ass e verdréchent. 7 Nach en aneren Deel ass an d'Däre gefall, an d'Däre si gewuess an hunn en erstéckt. 8 En aneren Deel schlüisslech ass op gudde Buedem gefall an huet Fruucht bruecht, deen een 100-fach, deen anere 60-fach, nach en aneren 30-fach. 9 Wien Oueren huet, dee soll lauschteren!"

10 Seng Jünger si bei hie komm a soten zu him: „Firwat verziels du hinnen dat a Gläichnesser?" 11 Hien huet hinne geäntwert: „Iech ass et ginn, d'Geheimnesser vum Himmelräich ze kennen, hinnen awer ass et net ginn. 12 Well deen, deen huet, kritt nach derbäi, an hie kritt am Iwwerfloss; deen awer, deen net huet, kritt och nach dat ewechgeholl, wat hien huet. 13 Duerfir verzielen ech hinnen dat a Gläichnesser, well si kucken, an dach gesinn si net; si héieren, an dach héieren a verstinn si net. 14 Wat si ugeet, erfëllt sech dem Isaias seng Prophezeiung, déi seet:

Mat ären Oueren héiert dir, an dach verstitt dir net.
Mat ären Ae gesitt dir, an dach gesitt dir net.
[15] *Well dësem Vollek säin Häerz ass verbruet;*
mat hiren Oueren héieren si schlecht,
an hir Aen halen si zou,
fir datt si net mat den Ae gesinn,
net mat den Oueren héieren
an net mat dem Häerz verstinn,
fir datt si sech net bekéieren
an ech si net heele kann.[a]

[16] Glécklech awer är Aen, well se gesinn, an är Oueren, well se héieren! [17] Amen, ech soen iech: Vill Prophéiten a Gerechter hätte gär gesinn, wat dir gesitt, an hunn et net gesinn, an si hätte gär héieren, wat dir héiert, an hunn et net héieren.

[18] Lauschtert also, wat d'Gläichnes vun deem, dee séie gaang ass, bedeit. [19] All Kéier wann e Mënsch d'Wuert vum Räich héiert an et net versteet, kënnt dee Béisen an hëlt dat ewech, wat an deem Mënsch säin Häerz geséit gouf. Dat ass deen Deel Som, deen op de Wee geséit ginn ass. [20] Deen Deel, deen op stengege Grond geséit gouf, dat ass dee Mënsch, deen d'Wuert héiert an et direkt voll Freed ophëlt. [21] Hien huet awer keng Wuerzelen an hält net laang duer; wann dann Zäite vun Nout oder Verfollegung wéinst dem Wuert kommen, fält hie gläich ëm. [22] Deen Deel, deen an d'Däre geséit gouf, dat ass dee Mënsch, deen d'Wuert héiert, ma d'Suerge vun dëser

Welt an de Reiz vum Räichtum erstécken d'Wuert, an et bleift ouni Fruucht. 23 Deen Deel, deen op gudde Buedem geséit gouf, dat ass dee Mënsch, deen d'Wuert héiert a versteet an deen da Fruucht bréngt – deen een dréit 100-fach, deen anere 60-fach, nach en aneren 30-fach.''

24 Nach en anert Gläichnes huet de Jesus hinne matginn. Hie sot: „D'Himmelräich ass ze vergläiche mat engem Mënsch, dee gudde Som op säi Stéck geséit huet. 25 Wéi alles geschlof huet, koum säi Feind, huet matzen ënner de Weess Onkraut geséit an huet sech ewechgemaach. 26 Wéi d'Hällem grouss gi sinn a Fruucht gedroen hunn, huet och d'Onkraut sech gewisen. 27 Du sinn dem Haushär seng Kniecht bei hie komm a soten zu him: ‚Här, hues du net gudde Som op däi Stéck geséit? Wou kënnt dann dat Onkraut hier?' 28 Hien huet hinne geäntwert: ‚Dat huet e Feind gemaach!' Du soten d'Kniecht zu him: ‚Solle mir higoen an et zesummerafen?' 29 Hie sot: ‚Neen, soss rappt dir, wann dir d'Onkraut zesummeraaft, an engems de Weess mat eraus. 30 Loosst béides matenee wuesse bis d'Rekolt! Da soen ech deenen, déi d'Rekolt eranhuele kommen: Raaft fir d'éischt d'Onkraut a bannt et a Bëndelen zesummen, fir et ze verbrennen; de Weess awer sammelt fir a meng Scheier!' ''

31 Nach en anert Gläichnes huet hien hinne matginn. Hie sot: „Mat dem Himmelräich ass et wéi mat engem Moschterkär, deen e Mënsch op säi Stéck séit.

[32] De Moschterkär ass wuel dee klengste vun alle Somkären, ma wann e bis gewuess ass, gëtt e méi grouss wéi all déi aner Gaardeplanzen – e gëtt e Bam, esou datt *d'Vigel vum Himmel* kommen *an an sengen Äscht hir Näschter bauen*[b]."

[33] An nach en anert Gläichnes huet hien hinne verzielt: „Mat dem Himmelräich ass et wéi mat Deessem, deen eng Fra ënner dräi Moosse[c] Miel mëscht, bis dat Ganzt duerchsaiert ass." [34] Dat alles huet de Jesus deene sëllege Leit a Gläichnesser verzielt – ouni Gläichnesser huet hien hinnen näischt verzielt, [35] fir datt sech dat erfëlle géif, wat duerch de Prophéit gesot gi war: *Dann doen ech mäi Mond op [a schwätzen] a Gläichnesser, da ruffen ech dat aus, wat zënter dem Ufank* [vun der Welt] *verstoppt war.*[d]

[36] Duerno huet de Jesus d'Leit heemgeschéckt an ass hannescht an d'Haus gaang. Seng Jünger si bei hie komm a soten zu him: „Erklär äis d'Gläichnes vum Onkraut um Feld!" [37] Hien huet hinne geäntwert: „Deejéinegen, deen dee gudde Som séit, dat ass de Mënschejong, [38] an d'Feld, dat ass d'Welt; dee gudde Som, dat sinn d'Kanner vum Räich, an d'Onkraut, dat sinn d'Kanner vum Béisen. [39] De Feind, deen et geséit huet, ass den Däiwel, d'Rekolt ass d'Enn vun dëser Welt, an déi, déi d'Rekolt eranhuelen, sinn d'Engelen. [40] Esou wéi d'Onkraut zesummegeraaft an am Feier verbrannt gëtt, esou geet et och um Enn vun dëser Welt. [41] De Mënschejong schéckt dann seng Engelen, an si rafen all dat aus

| 59

sengem Räich eraus, wat een zum Béise verféiert, an och all déi, déi Onrecht gedoen hunn, [42] an *si geheien si an en Uewen, an deem Feier ass*[e]; do gëtt gejéimert a mat den Zänn gegrätscht. [43] Da liichten déi Gerecht wéi d'Sonn an hirem Papp sengem Räich. Wien Oueren huet, dee soll lauschteren!

[44] Mat dem Himmelräich ass et wéi mat engem Schaz, deen an engem Feld verstoppt war. Deejéinegen, deen de Schaz fonnt huet, huet en nees verstoppt, ass voller Freed vun do fortgaang, huet alles verkaaft, wat hien hat, an dunn huet hien dat Feld kaaft.

[45] Mat dem Himmelräich ass et och wéi mat engem Geschäftsmann, dee schéi Pärele gesicht huet. [46] Wéi hien eng ganz wäertvoll Pärel fonnt huet, ass hien higaang, huet alles verkaaft, wat hien hat, an dunn huet hien déi Pärel kaaft.

[47] A mat dem Himmelräich ass et och nach wéi mat engem Netz, dat an d'Mier ausgehäit ginn ass, an dat all Zorte [Fësch] opgesammelt huet. [48] Wann et voll ass, zéien d'Fëscher et op den Uwänner erop, an si setzen sech a rafen dat Gutt an e Kuerf; dat Schlecht awer geheien si ewech. [49] Esou geet et och um Enn vun dëser Welt: D'Engele ginn dann eraus a sënneren déi Schlecht aus deene Gerechten eraus, [50] an *si geheien si an en Uewen, an deem Feier ass*[f]; do gëtt gejéimert a mat den Zänn gegrätscht.

[51] Hutt dir dat alles verstanen?" Si soten: „Jo."
[52] Du sot hien zu hinnen: „Duerfir ass jidder Schrëft-

geléierten, deen e Jünger vum Himmelräich ginn ass, wéi en Haushär, deen aus sengem Schaz Neies an Ales eraushëlt."

53 Nodeems de Jesus all déi Gläichnesser verzielt hat, ass hie vun do fortgaang. 54 Wéi hien an säin Heemechtsduerf koum, huet hien d'Leit an hirer Synagog geléiert, esou datt si ausser sech waren a soten: „Wouhier huet hien dës Weisheet an dës Kraaft, fir Wonner ze wierken? 55 Ass hien net dem Zammermann säi Jong? Heescht seng Mamm net Maria, an heeschen seng Bridder net Jakobus, Jouseph, Simon a Judas? 56 A sinn seng Schwësteren net alleguer hei bei äis? Wouhier huet hien dann dat alles?" 57 An si hunn Ustouss un him geholl. De Jesus awer sot zu hinnen: „Néierens gëtt e Prophéit manner geuecht wéi an sengem Heemechtsduerf an an sengem Haus." 58 A wéinst hirem Onglaf huet hien do net vill Wonner gewierkt.

a Is 6,9-10 LXX.
b Ps 103,12 LXX.
c Eng Mooss sinn ca. 13 Liter.
d Ps 78,2.
e Dan 3,6.
f Dan 3,6.

14 1 Déi Zäit huet den Tetrarch Herodes héieren, wat iwwer de Jesus erzielt gouf, 2 an hie sot zu senge Leit: „Dat ass de Johannes den Deefer; hien ass aus

dem Doud erwächt ginn, dofir wierke Wonnerkräften an him!"

3 Den Herodes hat de Johannes festhuelen, hie bannen an hien an de Prisong geheie gelooss wéinst der Herodias, sengem Brudder Philippus senger Fra. 4 De Johannes hat nämlech zu him gesot: „Et ass dir net erlaabt, si [fir Fra] ze hunn!" 5 Hien hätt de Johannes gär doutgemaach, ma hien hat Angscht virun de Leit, well si de Johannes fir e Prophéit gehal hunn. 6 Op dem Herodes sengem Gebuertsdag hat der Herodias hir Duechter an der Mëtt gedanzt, an si hat dem Herodes gefall. 7 Dofir hat hien en Eed gedoen, hir dat ze ginn, wat si sech froe géif. 8 Si awer war vun hirer Mamm ugestëft ginn, fir ze soen: „Gëff mir hei op engem Teller dem Johannes dem Deefer säi Kapp!" 9 De Kinnek war verdrësserlech, ma wéinst sengem Eed a wéist deenen, déi mat him um Dësch waren, hat hie gebueden, hir en ze ginn. 10 Hien hat [Zaldoten] dohi geschéckt an de Johannes am Prisong käppe gelooss. 11 Dem Johannes säi Kapp war op engem Teller bruecht an dem Meedchen iwwerreecht ginn, an hatt hat senger Mamm e bruecht. 12 Dem Johannes seng Jünger awer waren d'Läich siche gaang an haten se begruewen. Du waren si higaang an haten dem Jesus et erzielt.

13 Wéi de Jesus dat alles héieren hat, huet hien sech an engem Naache vun do zréckgezunn op eng ofgeleeë Plaz, wou hie fir sech war. D'Leit, déi dat gewuer goufen, sinn him aus de Stied zu Fouss

nogaang. 14 Wéi hien aus dem Naache geklomm ass an all déi Leit gesinn huet, huet et him am Häerz wéigedoe fir si, an hien huet hir Krank geheelt.

15 Géint der Owend koumen d'Jünger bei hien a soten: „Déi Plaz hei ass ofgeleeën, an 't ass scho spéit; schéck d'Leit fort, fir datt si an d'Dierfer ginn an sech eppes z'iesse kafen!" 16 De Jesus awer sot zu hinnen: „Si brauchen net fortzegoen. Gitt dir hinnen z'iessen!" 17 Si soten zu him: „Mir hu soss näischt hei wéi fënnef Brout an zwéi Fësch." 18 Du sot hien: „Bréngt mir se heihin!" 19 Nodeems hien de Leit gebueden hat, sech op d'Gras ze setzen, huet hien déi fënnef Brout an déi zwéi Fësch geholl, huet an den Himmel opgekuckt an huet se geseent. Dunn huet hien d'Brout gebrach an de Jünger et ginn, an d'Jünger hunn de Leit et ginn. 20 Si hunn alleguer giess a goufe gesiedegt, an si hunn déi Stécker, déi rescht waren, opgeraaft – zwielef Kierf voll. 21 Et waren ongeféier 5.000 Mann, déi giess haten – ounst d'Fraen an d'Kanner.

22 Gläich drop huet de Jesus d'Jünger gedoen an den Naache klammen an op déi aner Säit virfueren. Iwwerdeems si fortgefuer sinn, huet hien d'Leit fortgeschéckt. 23 Duerno ass hien de Bierg eropgaang, fir fir sech ze sinn an ze bieden. Et ass Owend ginn, an hie war eleng um Bierg. 24 Den Naache war scho vill Stadiea vum Land ewech a gouf vun de Wellen hin an hier gerappt, well et war Géigewand. 25 An där véierter Nuetswuecht ass de Jesus iwwer de Séi op

| 63

d'Jünger duerkomm. 26 Wéi si hien iwwer de Séi komme gesinn hunn, waren si ausser sech a soten: „Et ass e Geescht!", an si hu vun Angscht Kreesch gedoen. 27 De Jesus huet direkt ugefaang, mat hinnen ze schwätzen, a sot: „Kuraasch, ech sinn et; fäert net!" 28 De Péitrus huet him geäntwert: „Här, wann s du et bass, da gebitt mir, iwwer d'Waasser bei dech ze kommen!" 29 De Jesus sot: „Komm!" Nodeems de Péitrus aus dem Naachen erausgeklomm war, ass hien iwwer d'Waasser op de Jesus duergaang. 30 Wéi hien awer dee staarke Wand gesinn huet, huet hien et mat der Angscht ze doe kritt, a wéi hien ugefaang huet ënnerzegoen, huet hie Kreesch gedoen: „Här, rett mech!" 31 De Jesus huet eenzock d'Hand ausgestreckt an de Péitrus gepaakt. Hie sot zu him: „Du Klenggleewegen! Firwat hues du gezweiwelt?" 32 Nodeems si an den Naache geklomm waren, huet de Wand sech geluecht. 33 Déi am Naachen hunn de Jesus ugebiet a soten: „Wierklech, du bass dem Herrgott säi Jong!"

34 Duerno sinn si iwwergefuer a bei Genesaret u Land gaang. 35 Wéi d'Männer vun do de Jesus erkannt hunn, hunn si [Bueten] an d'ganz Ëmgéigend geschéckt. Dueropshin hunn d'Leit alleguer déi Krank bei hie bruecht 36 an hunn hie gebieden, datt si op d'mannst de Sam vun sengem Mantel beréieren däerften, an all déi, déi e beréiert hunn, goufe gerett.

ᵃ 5 Stadie sinn 1 Kilometer.

15

1 Du si vu Jerusalem erfort Pharisäer a Schrëft-geléiert bei de Jesus komm. Si soten: 2 „Firwat halen deng Jünger sech net un d'Traditioun vun deenen Eelsten? Si wäschen sech nämlech d'Hänn net, wann si Brout iessen." 3 Hien awer huet hinne geäntwert: „An dir, firwat haalt dir iech, wéinst ärer Traditioun, dann net un dem Herrgott säi Gesetz? 4 Den Herrgott huet nämlech gesot: *Éier däi Papp an deng Mamm*ᵃ, an: *Wien säi Papp oder seng Mamm verflucht, dee soll doutgemaach ginn*ᵇ. 5 Dir awer sot: Wien zu sengem Papp oder senger Mamm seet: ‚Ech ginn [dem Tempel] datᶜ, wat s du vu mir zegutt gehat häss', 6 dee bräicht säi Papp net weider ze éieren. An esou hutt dir, wéinst ärer Traditioun, dem Herrgott säi Wuert opgehuewen. 7 Dir Schäinhelleger, den Isaias hat recht mat deem, wat hien iwwer iech prophezeit huet, wéi hie sot: 8 *Dat heite Vollek éiert mech mat de Lëpsen, hiert Häerz awer ass wäit ewech vu mir.* 9 *Ma si veréiere mech ëmsoss. Déi Léieren, déi si d'Leit léieren, sinn eenzeg an eleng Virschrëfte vu Mënschen*ᵈ."

10 Dueropshin huet hien déi sëllege Leit bei sech geruff a sot zu hinnen: 11 „Lauschtert a verstitt: Net dat, wat an de Mond erageet, mécht de Mënsch onreng, ma dat, wat aus dem Mond erauskënnt, dat mécht de Mënsch onreng." 12 Du sinn d'Jünger dohi komm a soten zu him: „Weess du, datt d'Pharisäer, déi dat héieren hunn, Ustouss dru geholl hunn?" 13 Hien awer huet hinne geäntwert: „All Planz, déi net vu mengem Papp am Himmel geplanzt ginn ass,

| 65

gëtt mat der Wuerzel erausgerappt. 14 Loosst se: Si si Blanner, déi Blanner féieren; ma wann e Blannen e Blanne féiert, da falen se allebéid an e Gruef."

15 Du sot de Péitrus zum Jesus: „Erklär äis dëst Bildwuerte!" 16 Hien awer sot: „Sidd dir schonn nees schwéier vu Begrëff?f 17 Verstitt dir net, datt alles, wat an de Mond erageet, virugeet an de Mo an dann ausgescheed gëtt?g 18 Dat awer, wat aus dem Mond erauskënnt, kënnt aus dem Häerz, an dat mécht de Mënsch onreng. 19 Well aus dem Häerz komme béis Absichten eraus: een doutzemaachen, d'Bestietnes ze briechen, onerlaabte Geschlechtsverkéier ze hunn, een ze bestielen, falsch Zeienaussoen ze maachen, ze lästeren. 20 Dat ass et, wat de Mënsch onreng mécht. Awer mat ongewäschenen Hänn z'iessen, mécht de Mënsch net onreng."

21 Wéi de Jesus vun do fortgaang ass, huet hien sech an d'Gebitt vun Tyrus a vu Sidon zréckgezunn. 22 Dunn ass eng kananäesch Fra, déi aus där Géigend war, bei hie komm an huet haart gejaut: „Erbaarm dech menger, Här, Jong vum David: Meng Duechter gëtt vun engem Dämon uerg geplot!" 23 De Jesus awer huet der Fra mat kengem Wuert geäntwert. Du koumen seng Jünger an hunn hie gebieden: „Schéck si dach forth, fir datt si net méi esou hanner äis hier jäizt!" 24 Hien huet hinne geäntwert: „Ech sinn nëmme just bei déi verluere Schof aus dem Haus Israel geschéckt ginn." 25 D'Fra awer ass komm, huet sech virun him op de Buedem gehäit a sot:

66

„Här, hëllef mir!" [26] Hien huet hir geäntwert: „Et ass net gutt, de Kanner hiert Brout ewechzehuelen an et deene klengen Hënn dohinzegeheien." [27] Dueropshi sot si: „Jo, Här. Ma esouguer déi kleng Hënn iesse vun de Grimmelen, déi vun hire Meeschteren hirem Dësch eroffalen." [28] Du sot de Jesus zu hir: „Fra, däi Glawen ass grouss. Dat, wat s du wëlls, soll geschéien!" A vun där Stonn u war hir Duechter geheelt.

[29] Wéi de Jesus vun do aus weidergaang ass, ass hie bei de Séi vu Galiläa komm; hien ass op de Bierg eropgaang an huet sech do niddergesat. [30] An et sinn e sëllege Leit dohi komm. Si hate Schlammer a Blanner, Krëppelen a Stëmmercher an nach vill anerer bei sech, déi si him zu Féiss geluecht hunn, an hien huet si geheelt. [31] Doriwwer hunn sech déi sëllege Leit gewonnert, well si gesinn hunn, datt Stëmmercher geschwat hunn, Krëppele geheelt goufen, Schlammer ronderëm gaang sinn a Blanner gesinn hunn; an si hunn de Gott vun Israel gelueft.

[32] De Jesus awer huet seng Jünger bei sech geruff an zu hinne gesot: „Et deet mir am Häerz wéi fir déi sëllege Leit, well si si schonn dräi Deeg bei mir, an si hunn näischt z'iessen; ech wëll si net eniächter fortschécken, fir datt si net ënnerwee zesummeginn." [33] D'Jünger hunn him geäntwert: „Wou solle mir an dëser verloossener Géigend esou vill Brout hierhuelen, fir all déi Leit sat ze kréien?" [34] De Jesus huet

si gefrot: „Wéivill Brout hutt dir?" Si soten: „Siwen, an e puer kleng Fësch."

[35] Nodeems hien d'Leit sech op de Buedem sëtze gedoen hat, [36] huet hien déi siwe Brout an d'Fësch geholl an d'Dankgebiet gesot; hien huet d'Brout gebrach an de Jünger et ginn, an d'Jünger hunn de Leit et [weider]ginn. [37] Si hunn all giess an si goufe gesiedegt. Dat, wat rescht war vun de Stécker, hunn si opgeraaft, siwe Kierf voll. [38] Déi awer, déi giess haten, ware 4.000 Männer, ounst d'Fraen an d'Kanner. [39] Nodeems de Jesus d'Leit fortgeschéckt hat, ass hien an en Naache geklomm an ass an d'Géigend vu Magadán gefuer.

---

[a] Ex 20,12; Dtn 5,16.

[b] Ex 21,17; Lev 20,9.

[c] Wuertwiertlech: Ech afferen dat.

[d] Is 29,13 LXX.

[e] Wuertwiertlech: Gläichnes.

[f] Wuertwiertlech: Verstitt dir nees net?

[g] Wuertwiertlech: …an d'Latrinnen erausgehäit gëtt.

[h] Aner Iwwersetzungsméiglechkeet: Maach si dach fräi [vun hirer Suerg].

16 [1] D'Pharisäer an d'Sadduzäer sinn dohi komm, fir de Jesus op d'Prouf ze stellen, an hunn hie gebieden, hinnen en Zeeche vum Himmel ze weisen. [2] Hien huet hinne geäntwert: „Owes sot dir: ‚D'Wieder gëtt gutt, well den Himmel feierrout ass', [3] a

muerges fréi: ‚Haut gëtt d'Wieder schlecht, well den Himmel feierrout, awer dréif ass.'

Dir kënnt zwar d'Ausgesi vum Himmel deiten, ma d'Zeeche vun der Zäit kënnt dir net deiten? 4 Eng Generatioun, déi béis ass a friemgeet, fuerdert en Zeechen. Ma en Zeeche gëtt hir net ginn, 't sief dann d'Zeeche vum Jonas!" An de Jesus huet si stoe gelooss an ass senger Wee gaang.

5 Wéi d'Jünger op där anerer Säit ukomm sinn, haten si vergiess, Brout matzehuelen. 6 De Jesus sot zu hinnen: „Passt op an huelt iech an Uecht virun de Pharisäer an de Sadduzäer hirem Deessem!" 7 Si hunn sech beduecht a soten: „Dat do seet hien, well mir kee Brout matgeholl hunn." 8 Wéi de Jesus dat gemierkt huet, sot hien: „Wat maacht dir iech Gedanken, datt dir kee Brout hutt, dir Klenggleeweger? 9 Verstitt dir nach ëmmer net? Erënnert dir iech dann net un déi fënnef Brout fir déi 5.000 [Mann], a wéivill Kierf dir opgeraaft hutt? 10 An och net un déi siwe Brout fir déi 4.000 [Mann], a wéivill Kierf dir opgeraaft hutt? 11 Wéi kënnt dir dann net verstoen, datt ech mat iech net iwwer Brout geschwat hunn? Huelt iech an Uecht virun de Pharisäer an de Sadduzäer hirem Deessem!" 12 Dunn hunn si begraff, datt hien net gesot hat, si sollten sech virum Deessem fir d'Brout an Uecht huelen, ma virun de Pharisäer an de Sadduzäer hirer Léier.

13 Wéi de Jesus an d'Géigend vun Cäsarea Philippi koum, huet hien seng Jünger gefrot: „Fir wien

halen d'Leit de Mënschejong?" [14] Si soten: „Déi eng
fir de Johannes den Deefer, anerer fir den Elias, nees
anerer fir de Jeremias oder soss ee vun de Prophéi-
ten." [15] Hie sot zu hinnen: „An dir, fir wien haalt dir
mech?" [16] De Simon Péitrus huet geäntwert: „Du bass
de Christus, de Jong vum liewege Gott!" [17] Dueropshi
sot de Jesus zu him: „Glécklech bass du, Simon,
Jong vum Jonas, well net Fleesch a Blutt hunn dir
dëst geoffenbaart, ma mäi Papp am Himmel. [18] An
ech soen dir: Du bass de Péitrus, an op dëse Fiels[a]
bauen ech meng Kierch, an d'Paarte vun der
Ënnerwelt[b] ginn se net Meeschter! [19] Ech ginn dir
d'Schlëssele vum Himmelräich; dat, wat s du op der
Äerd matenee verbënns, ass och am Himmel mat-
enee verbonnen, an dat, wat s du op der Äerd vun-
enee lassléis, ass och am Himmel vunenee lassgeléist."
[20] Dunn huet hien de Jünger den Uerder ginn,
kengem ze soen, datt hien de Christus wär.

[21] Vun do un huet de Jesus ugefaang, senge
Jünger kloerzemaachen, datt hie fortgoe misst op
Jerusalem, datt hie wéinst deenen Eelsten, den Hohe-
priister an de Schrëftgeléierte villes erleide misst, datt
hien doutgemaach an deen drëtten Dag aus dem
Doud erwächt gi misst. [22] Dunn huet de Péitrus hien
op d'Säit geholl an huet ugefaang, him Virwërf ze
maachen. Hie sot: „Gott behitt dech, Här! Op kee
Fall soll dir dat geschéien!" [23] De Jesus huet sech
ëmgedréit a sot zum Péitrus: „Fort mat dir, Satan,
hanner mech! Du dees mech gär falen, well s du net

70 |

dat am Sënn hues, wat den Herrgott wëllt, ma dat, wat d'Mënsche wëllen."

24 Dueropshi sot de Jesus zu senge Jünger: „Wann ee mir nokomme wëllt, da soll deen sech selwer verleegnen, hie soll säi Kräiz op sech huelen a mir nokommen! 25 Well deen, deen säi Liewe rette wëllt, dee verléiert et; wien awer wéinst menger säi Liewe verléiert, dee fënnt et. 26 Wat déngt et e Mënsch, wann hien d'ganz Welt gewënnt, ma dobäi säi Liewe verléiert? Oder wat kann e Mënsch an d'Plaz vun sengem Liewe ginn? 27 De Mënschejong kënnt an der Herrlechkeet vun sengem Papp mat sengen Engelen, an *da gëtt hie jidderengem de Loun fir dat, wat hie gemaach huet*c. 28 Amen, ech soen iech: E puer vun deenen, déi hei stinn, stierwe sécher net, éier si de Mënschejong an senger Kinneksmuecht komme gesinn hunn."

---

a Wuertspill: déi griichesch Wierder fir „Péitrus" a fir „Fiels" gläichen sech: „petros" a „petra".
b Am Griicheschen: d'Paarte vum Hades.
c Ps 62,13; Spr 24,12; Sir 35,22 LXX.

17 1 Sechs Deeg drop huet de Jesus de Péitrus, de Jakobus an deem säi Brudder, de Johannes, matgeholl an si op en héije Bierg gefouert, wou si fir sech waren. 2 Virun hiren Ae gouf hie verwandelt: Säi Gesiicht huet geliicht ewéi d'Sonn, an seng Klee-

der goufe wäiss ewéi d'Liicht. 3 A kuck, de Moses an den Elias sinn hinnen erschéngen an hu mam Jesus geschwat. 4 Du sot de Péitrus zum Jesus: „Här, et ass gutt, datt mir hei sinn. Wann s du wëlls, da riichten ech hei dräi Zelter op, eent fir dech, eent fir de Moses an eent fir den Elias." 5 Iwwerdeems hien nach geschwat huet, kuck, dunn huet eng Wollek, déi vu Liicht ëmgi war, hire Schiet op si gehäit, an du sot eng Stëmm aus der Wollek: „Dat hei ass mäi Jong, an ech hunn hie gär; hie steet a menger Gonscht. Lauschtert op hien!" 6 Wéi d'Jünger dat héieren hunn, hunn si sech niddergehäit, mam Gesiicht op de Buedem, well eng freeschlech Angscht an si gefuer war. 7 Dunn ass de Jesus op si duerkomm, huet si beréiert a sot: „Stitt op a fäert net!" 8 Wéi si opgekuckt hunn, hunn si soss kee méi gesi wéi just de Jesus. 9 Iwwerdeems si de Bierg erofgaang sinn, huet de Jesus hinnen den Uerder ginn: „Sot kengem eppes vun deem, wat dir gesinn hutt, bis de Mënschejong aus dem Doud erwächt ginn ass!"

10 D'Jünger hunn hie gefrot: „Firwat soen d'Schrëftgeléiert dann, den Elias misst fir d'éischt kommen?" 11 De Jesus huet hinne geäntwert: „Jo, den Elias kënnt a mécht, datt nees alles an d'Rei kënnt. 12 Ech awer soen iech: Den Elias ass scho komm, ma si hunn hien net erkannt an alles mat him gemaach, wat si wollten. Gradesou kritt och de Mënschejong duerch si ze leiden." 13 Dunn hunn d'Jünger verstan,

datt de Jesus mat hinnen iwwer de Johannes den Deefer geschwat huet.

14 Wéi si bei déi vill Leit komm sinn, [déi do waren], ass e Mann bei de Jesus komm, ass virun him op d'Knéie gefall 15 a sot: „Här, erbaarm dech mengem Jong senger! Hien ass moundsüchteg an huet vill ze leiden, well hien dacks an d'Feier an och dacks an d'Waasser fält. 16 Ech hat hie bei deng Jünger bruecht, ma si konnten hien ze heelen."

17 De Jesus sot: „O du ongleeweg a verduerwe Generatioun! Wéi laang muss ech nach bei iech sinn? Wéi laang muss ech iech nach erdroen? Bréngt mir de Jong heihinner!" 18 Hien huet dem Dämon gedreet, an dunn ass deen aus dem Kand erausgefuer, an et war vun där Stonn u geheelt.

19 Wéi d'Jünger du bei de Jesus komm sinn an si fir sech waren, soten si: „Firwat konnte mir den Dämon net ausdreiwen?" 20 De Jesus sot zu hinnen: „Wéinst ärem klenge Glaf. Amen, ech soen iech: Wann äre Glaf och nëmmen esou grouss wär wéi e Moschterkär, an dir géift zu dësem Bierg soen: ‚Réckel vun hei bis dohannen hinner!', da géif e réckelen. Da wär näischt onméiglech fir iech." [21]

22 Wéi si a Galiläa beienee waren, sot de Jesus zu hinnen: „De Mënschejong gëtt an d'Hänn vu Mënschen ausgeliwwert, 23 si maachen hien dout, an deen drëtten Dag gëtt hien aus dem Doud erwächt." Du goufen si ganz verdrësserlech.

| 73

[24] Wéi si awer op Kapharnaum koumen, sinn déi-jéineg, déi d'Duebeldrachmen opgehuewen hunn, bei de Péitrus getratt a soten: „Bezillt äre Meeschter d'Duebeldrachmen net?" [25] De Péitrus sot: „Dach." Wéi hien dunn an d'Haus komm ass, ass de Jesus him mat der Fro zevirkomm: „Wat mengs du, Simon? Vu wiem hiewen d'Kinneke vun der Welt Taxen a Steieren op? Vun hire Leit[a] oder vun deene Friemen?" [26] Wéi de Simon sot: „Vun deene Friemen", sot de Jesus zu him: „Hir Leit[b] sinn also fräi. [27] Fir datt mir hinnen awer keng Ursaach ginn, Ustouss un äis ze huelen, dofir géi bei de Séi a gehei d'Aangel aus. Huel deen éischte Fësch, deen s du fänks, a wann s du em d'Maul opgemaach hues, da fënns du do eng Mënz am Wäert vu véier Drachmen[c]. Huel déi a gëff hinnen se fir mech a fir dech!"

---

[a] Wuertwiertlech: vun hire Jongen.
[b] Wuertwiertlech: d'Jongen.
[c] Wuertwiertlech: e Statär (= eng Mënz am Wäert vu véier Drachmen).

18 [1] An där Stonn sinn d'Jünger bei de Jesus komm a soten: „Wien ass dann elo dee Gréissten am Himmelräich?" [2] Dunn huet hien e Kand dohinner geruff, et an hir Mëtt gestallt [3] a gesot: „Amen, ech soen iech: Wann dir net ännert a gitt ewéi d'Kanner[a], da kommt dir ganz sécher net an d'Himmelräich.

4 Wien sech also kleng mécht wéi dat Kand hei, deen ass dee Gréissten am Himmelräich. 5 A wien esou e Kand a mengem Numm ophëlt, deen hëlt mech op.

6 Wien awer ee vun deene Klengen hei, déi u mech gleewen, zum Béise verféiert, fir dee wär et besser, wann e Muelsteen ëm säin Hals gehaang géif an hien dann am déiwe Mier erseeft géif. 7 Gare der Welt mat all deem, wat iech falen doe kann! Et ass zwar néideg, datt dir op d'Prouf gestallt gitt, ma gare deem senger, duerch deen dat kënnt. 8 Wann awer deng Hand oder däi Fouss dech zum Béise verféiert, dann ha se erof a gehei se ewech! Et ass besser fir dech, krëppleg oder schlamm an d'Liewen eranzegoen, wéi mat zwou Hänn oder zwéi Féiss an dat éiwegt Feier gehäit ze ginn. 9 A wann däin A dech zum Béise verféiert, da rapp et eraus a gehei et ewech! Et ass besser fir dech, schiel an d'Liewen eranzegoen, wéi mat zwee Aen an d'Feierhäll gehäit ze ginn.

10 Passt op, datt dir kee vun deene Klengen hei veruecht! Well ech soen iech: Hir Engelen am Himmel gesinn déi ganzen Zäit mäin himmlesche Papp[b]. [11] 12 Wat mengt dir? Wann een 100 Schof huet, an eent dervun huet sech veriert, léisst hien dann net déi 99 an de Bierger a geet dat sichen, dat sech veriert huet? 13 A wann hien et erëmfonnt huet – amen, ech soen iech –, da freet hien sech iwwer dat eent méi wéi iwwer déi 99, déi sech net veriert haten. 14 Gradesou ass et ärem Papp am Himmel säi Wëll, datt net ee vun deene Klengen hei verluer geet.

[15] Huet däi Brudder awer géint dech gesënnegt, da géi hin a riicht him den Diks, wann s du mat him eleng bass! Lauschtert hien op dech, dann hues du däi Brudder erëmgewonnen. [16] Lauschtert hien awer net op dech, dann huel dir nach een oder zwee Leit mat, well *all Affär muss duerch d'Ausso vun zwéin oder dräi Zeie bestätegt ginn* [c]. [17] Lauschtert hien och net op si, da so där versammelter Kierch et. Lauschtert hien awer och net op déi, da soll hie fir dech wéi en Heed an e Steierandreiwer sinn. [18] Amen, ech soen iech: Dat, wat dir op der Äerd matenee verbannt, ass och am Himmel matenee verbonnen, an dat, wat dir op der Äerd vunenee lassléist, ass och am Himmel vunenee lassgeléist.

[19] Amen, ech soen iech nach eng Kéier: Wann der zwéi vun iech sech op der Äerd eens sinn an iergendenger Saach, a wann si zesummen dorëm bieden, da kréien si se vu mengem Papp am Himmel. [20] Well do, wou der zwéin oder dräi a mengem Numm zesumme sinn, do sinn ech matzen ënner hinnen."

[21] Dunn ass de Péitrus bei de Jesus getratt a sot zu him: „Här, wéi dacks muss ech mengem Brudder verzeien, wann hie géint mech sënnegt? Bis zu siwemol?" [22] De Jesus sot zu him: „Net bis zu siwemol, soen ech dir, ma bis zu 77-mol.

[23] Dowéinst ass d'Himmelräich ze vergläiche mat engem Kinnek, deen d'Ofrechnung mat senge Kniecht maache wollt. [24] Wéi hien ugefaang hat mat Of-

rechnen, ass ee bei hie bruecht ginn, deen him 10.000 Talenter[d] schëlleg war. 25 Well dee Kniecht déi net zréckbezuele konnt, huet den Här den Uerder ginn, hien, seng Fra, seng Kanner an alles, wat hien hat, ze verkafen, fir datt d'Suen zréckbezuelt gi kéinten. 26 Dunn ass de Kniecht virun him niddergefall an huet gesot: ‚Hief Gedold mat mir, ech bezuelen dir alles zréck!' 27 Well et dem Här am Häerz wéigedoen huet, huet hien de Mann goe gelooss an him seng Schold nogelooss. 28 Wéi de Kniecht dunn erausgaang ass, ass hien engem vun senge Matkniecht begéint, deen him 100 Sëlwermënze schëlleg war. Hien huet dëse Matkniecht mam Hals geholl, esou datt hien hie bal erwiergt huet, a sot: ‚Bezuel mir dat zréck, wat s du mir schëlleg bass!' 29 De Matkniecht ass niddergefall an huet gebiedelt: ‚Hief Gedold mat mir, ech bezuelen dir et zréck!' 30 De Kniecht awer wollt net; hien ass villméi higaang an huet deen aneren an de Prisong gehäit, bis deen seng Schold zréckbezuelt hätt. 31 Wéi elo seng Matkniecht gesinn hunn, wat geschitt war, goufen si ganz verdrësserlech, an si sinn hirem Här alles erziele gaang. 32 Dueropshin huet den Här de Kniecht ruffe gelooss a sot: ‚Du wéischte Kniecht! Deng ganz Schold hunn ech dir nogelooss, well s du dorëm gebiedelt hues. 33 Häss du duerfir net och misse mat dengem Matkniecht baarmhäerzeg sinn, esou wéi ech mat dir baarmhäerzeg war?' 34 A voller Roserei huet den Här hien de Folterkniecht ausgeliwwert, bis hien alles, wat hie schëlleg war, zréckbezuelt hätt. 35 Esou mécht och mäi Papp am Himmel et mat iech, wann dir net een deem anere vun Häerze verzeit."

---

[a] Wuertwiertlech: Wann dir net ëmdréit a gitt ewéi Kanner.
[b] Wuertwiertlech: …gesinn déi ganzen Zäit mengem Papp am Himmel säi Gesiicht (= si sti virun him).
[c] Dtn 19,15.
[d] 1 Talent = 6.000 Denaren = 6.000 Sëlwermënzen; 1 Sëlwermënz war deemools den normalen Dagesloun vun engem Aarbechter.

19

1 Wéi de Jesus mat senger Ried fäerdeg war, ass hien aus Galiläa erfort an d'Gebitt vu Judäa gaang, op déi aner Säit vum Jordan. 2 E sëllege Leit sinn him nogaang, an do huet hien si geheelt.

3 Et koumen och Pharisäer bei hien, fir hien op d'Prouf ze stellen. Si soten: „Ass et engem Mann erlaabt, seng Fra aus egal wat fir engem Grond fortzeschécken?" 4 Hien huet hinne geäntwert: „Hutt dir net gelies, datt deen, deen alles geschafen huet, de Schëpfer, si vun Ufank un als Mann an als Fra gemaach huet?" 5 A weider sot hien: „Dowéinst verléisst e Mann Papp a Mamm a verbënnt sech mat senger Fra, an déi zwee ginn eent. 6 Duerfir sinn si net méi zwee, ma eent. Wat den Herrgott also matenee verbonnen huet, dat soll de Mënsch net trennen." 7 Dunn hunn si gesot: „Firwat huet de Moses da virgeschriwwen, datt een [senger Fra] e

Scheedungsbréif gëtt, wann een si fortschécke wëllt?"
[8] Hien huet hinne geäntwert: „Et ass wéinst ärer Haarthäerzegkeet, datt hien iech et erlaabt huet, är Fra fortzeschécken; am Ufank war et net esou. [9] Ech awer soen iech: Jiddereen, deen seng Fra fortschéckt, ausser bei onerlaabtem Geschlechtsverkéier, an deen eng aner bestit, dee brécht d'Bestietnes."

[10] Du soten seng Jünger zu him: „Wann dat dem Mann seng Stellung der Fra géintiwwer ass[a], dann ass et net ugeroden, sech ze bestueden." [11] De Jesus sot zu hinnen: „Dat kann net jidderee begräifen, ma nëmmen déi, deenen et ginn ass. [12] Et ginn Eunuchen, déi esou op d'Welt komm sinn[b], an et ginn Eunuchen, déi vun de Mënschen dozou gemaach gi sinn, an et ginn Eunuchen, déi sech selwer wéinst dem Himmelräich dozou gemaach hunn. Wien dat begräife kann, dee soll et begräifen."

[13] Du si Kanner bei de Jesus bruecht ginn, fir datt hien hinnen d'Hänn opleeën a biede sollt. Ma si krute vun de Jünger Virwërf gemaach. [14] De Jesus awer sot zu de Jünger: „Loosst d'Kanner gewäerden an hënnert si net drun, fir bei mech ze kommen, well fir hiresgläichen ass dem Herrgott säi Räich!" [15] An hien huet hinnen d'Hänn opgeluecht. Duerno ass hie vun do fortgaang.

[16] Du koum een op hien duer, deen hie gefrot huet: „Meeschter, wat muss ech Guddes maachen, fir éiwegt Liewen ze kréien?" [17] De Jesus sot zu dem Mann: „Firwat stells du mir eng Fro iwwer dat Gutt?

— Een eleng ass dee Gudden! Ma wann s du an dat éiwegt Liewen eragoe wëlls, dann hal dech un d'Geboter!" 18 Deen huet gefrot: „U wéi eng?" De Jesus sot: „Un dës: Du solls keen doutmaachen, d'Bestietnes net briechen, net stielen a keng falsch Zeienausso maachen; 19 hal däi Papp an deng Mamm an Éieren, an hief däin Nächste gär wéi dech selwer!" 20 Duerop sot dee jonke Mann: „Un all dat hunn ech mech gehal. Wat feelt mir nach?" 21 De Jesus huet him geäntwert: „Wann s du vollkomme si wëlls, da géi hin a verkaf däi ganze Besëtz a gëff [en] deenen Aarmen, an du kriss e Schaz am Himmel. Da komm eröm a komm mir no!" 22 Wéi dee jonke Mann dat héieren huet, goung hie verdrësserlech fort; hien hat nämlech e grousst Verméigen.

23 De Jesus awer sot zu senge Jünger: „Amen, ech soen iech: Fir e Räichen ass et schwéier, an d'Himmelräich eranzekommen. 24 Ech soen iech nach eng Kéier, datt et méi liicht ass fir e Kaméil, duerch d'Lach vun enger Nol ze kommen, wéi fir e Räichen, an dem Herrgott säi Räich eranzekommen!" 25 Wéi d'Jünger dat héieren hunn, waren si ganz ausser sech. Si hu gefrot: „Wie kann dann iwwerhaapt nach gerett ginn?" 26 De Jesus huet si gekuckt a sot zu hinnen: „Fir d'Mënschen ass dat onméiglech, ma fir den Herrgott ass alles méiglech."

27 Du sot de Péitrus zu him: „Kuck, mir hunn alles stoen a leie gelooss a sinn dir nokomm. Wat kréie mir dann?" 28 De Jesus sot zu hinnen: „Amen,

ech soen iech: Dir, déi dir mir nokomm sidd, sëtzt dann, wann dir erëmgebuer gitt an de Mënschejong sech op den Troun vun der Herrlechkeet gesat huet, och op zwielef Tréin zu Geriicht iwwer déi zwielef Stämm vun Israel. ^{29} A jiddereen, deen seng Haiser, seng Bridder oder Schwësteren, Papp, Mamm oder Kanner oder seng Stécker wéinst mengem Numm zréckgelooss huet, kritt se honnertfach erëm an Undeel um éiwege Liewen, ^{30} well da ginn der vill vun deenen Éischten déi Lescht a vill vun deene Leschten déi Éischt.

---

^{a} Wuertwiertlech: Wann dat d'Verhältnes vum Mann zu der Fra ass.
^{b} Wuertwiertlech: Et ginn Eunuchen, déi aus hirer Mamm hirem Bauch esou gebuer gi sinn.

20 ^{1} Mat dem Himmelräich ass et nämlech wéi mat engem Haushär, dee muerges fréi erausgaang ass, fir Aarbechter fir an säi Wéngert ze dangen. ^{2} Hien huet sech mat den Aarbechter op eng Sëlwermënz den Dag gëeenegt^a an huet si dunn an säi Wéngert geschéckt. ^{3} Wéi hien ëm déi drëtt Stonn erausgaang ass, huet hien anerer gesinn um Maart do stoen näischt ze maachen, ^{4} an hie sot zu hinnen: ,Gitt och dir an de Wéngert; ech ginn iech dann, wat dir zegutt hutt!' ^{5} Du sinn si dohi gaang. Wéi den Haushär ëm déi sechst an ëm déi néngt Stonn nees erausgaang

ass, huet hien et d'selwecht gemaach. 6 A wéi hien ëm déi eeleft Stonn erausgaang ass, huet hien nach anerer fonnt, déi do stoungen, an hie sot zu hinnen: ‚Firwat sidd dir de ganzen Dag hei stoe bliwwen, ouni eppes ze schaffen?‘ 7 Si hunn him geäntwert: ‚Well keen äis gedangt huet.‘ Hie sot zu hinnen: ‚Gitt och dir an de Wéngert!‘ 8 Wéi et Owend ginn ass, sot den Här vum Wéngert zu sengem Verwalter: ‚Ruff d'Aarbechter a gëff hinnen hire Loun, ugefaang bei deene Leschte bis bei déi Éischt!‘ 9 Du sinn déi vun där eelefter Stonn komm, an si krute jiddereen eng Sëlwermënz. 10 Wéi déi Éischt koumen, hunn si geduecht, si krite méi, ma och si krute jiddereen nëmmen eng Sëlwermënz. 11 Wéi si déi kritt hunn, hunn si iwwer den Haushär geknoutert 12 a soten: ‚Déi Lescht hei hunn eng eenzeg Stonn geschafft, an du hues si d'selwecht behandelt wéi äis, déi mir d'Laascht vum Dag an d'Hëtzt hu missen erdroen!‘ 13 Hien awer huet engem vun hinne geäntwert: ‚Frënd, ech doen dir keen Onrecht! Has du dech net mat mir op eng Sëlwermënz gëeenegt? 14 Huel dat, wat dir zousteet, a géi! Ech awer wëll deem Leschten hei datselwecht ginn ewéi dir. 15 Däerf ech dann net mat deem, wat mir gehéiert, maachen, wat ech wëll? Oder wuermt et dech, datt ech gutt sinn?‘ 16 Esou ginn déi Lescht déi Éischt, an déi Éischt ginn déi Lescht.“

17 Wéi de Jesus op Jerusalem eropgaang ass, huet hien nëmmen déi zwielef [Jünger] matgeholl. Ënner-

wee sot hien zu hinnen: 18 „Kuckt, mir ginn elo op Jerusalem erop, an do gëtt de Mënschejong un d'Hohepriister an d'Schrëftgeléiert ausgeliwwert, an si veruerteelen hien zum Doud. 19 Da liwweren si hien un d'Heeden aus, fir datt hie verspott, gegäisselt a gekräizegt gëtt, an deen drëtten Dag gëtt hien aus dem Doud erwächt."

20 Dunn ass dem Zebedäus senge Jongen hir Mamm mat hinne bei de Jesus komm, an si huet sech virun him op de Buedem gehäit, well si hien eppes froe wollt. 21 Hie sot zu hir: „Wat häss du gär?" Si sot: „Suerg derfir, datt meng zwéi Jongen an dengem Räich deen een op deng riets Säit an deen aneren op deng lénks Säit sëtze kommen." 22 De Jesus awer huet hinne geäntwert: „Dir wësst net, wat dir do frot! Kënnt dir dee Kielech drénken, deen ech ze drénke kréien?" Si soten zu him: „Dat kënne mir!" 23 Du sot de Jesus zu hinnen: „Dir kritt zwar wierklech mäi Kielech ze drénken, ma et ass net u mir, fir d'Plaz op menger rietser oder menger lénkser Säit ze verginn; duer kommen déi sëtzen, fir déi dës Plaze vu mengem Papp virbereet gi sinn."

24 Wéi déi zéng aner Jünger dat héieren hunn, hunn si sech iwwer déi zwéi Bridder geiergert. 25 Dunn huet de Jesus si bei sech geruff a sot zu hinnen: „Dir wësst, datt déi Iewescht vun de Vëlleker iwwer si herrschen, an datt déi Grouss hir Muecht iwwer d'Leit mëssbrauchen. 26 Bei iech awer soll et net esou sinn! Wien ënner iech dee Gréisste gi wëllt, dee soll

ären Dénger ginn, ^{27} a wien ënner iech deen Éischte si wëllt, dee soll äre Kniecht sinn. ^{28} Well de Mënschejong ass net komm, fir bedéngt ze ginn, ma fir ze déngen an säi Liewen hierzeginn als Léisegeld fir der vill."

^{29} Wéi si aus Jericho erausgaang sinn, si ganz vill Leit him nogaang. ^{30} Zwéi Blanner, déi um Wee souzen, hunn héieren, datt de Jesus laanscht kéim, an hu gejaut: „Erbaarm dech äiser, [Här], Jong vum David!" ^{31} D'Leit hunn si ugebaupst, si sollten de Mond halen. Si awer hunn nach méi haart gejaut: „Erbaarm dech äiser, Här, Jong vum David!" ^{32} Dunn ass de Jesus stoe bliwwen, huet si geruff a sot: „Wat wëllt dir, datt ech fir iech maachen?" ^{33} Si soten zu him: „Här, datt eis Aen opgemaach ginn." ^{34} Et huet dem Jesus am Häerz wéigedoen, an hien huet hir Ae beréiert. Direkt konnten si nees gesinn a sinn him nogaang.

---

^{a} Eng Sëlwermënz war deemools den normalen Dagesloun vun engem Aarbechter.

21 ^{1} Wéi si an d'Géigend vu Jerusalem koumen an op Bethphagee an op den Olivebierg duergaang sinn, huet de Jesus zwéi Jünger virgeschéckt ^{2} a sot zu hinnen: „Gitt an d'Duerf, dat vis-à-vis vun iech läit! Do fannt dir eng Ieselsmier, déi ugestréckt ass, a bei hir e Fillen. Maacht se lass a féiert se bei mech! ^{3} A

wann een eppes zu iech seet, dann äntwert: ‚Den Här brauch se. Hie schéckt se gläich nees zréck.' " [4] Dat hei ass geschitt, fir datt sech dat erfëlle géif, wat duerch de Prophéit gesot gi war:

[5] *Sot der Duechter Zion:*
Kuck, däi Kinnek kënnt bei dech.
Hien ass duuss,
an hie sëtzt op enger Ieselsmier
an op engem Fillen,
engem Schaffdéier sengem Klengen.[a]

[6] D'Jünger sinn dohi gaang an si hunn dat gemaach, wat de Jesus si ugestallt hat. [7] Si hunn d'Ieselsmier an d'Fille bei hie gefouert an en d'Kleeder op de Réck geluecht. Dunn huet de Jesus sech op se gesat. [8] Eng Abberzuel Leit hunn hir eege Kleeder op dem Wee ausgebreet; anerer hunn Äscht vun de Beem erofgeha an déi op dem Wee ausgebreet. [9] Déi vill Leit, déi virum Jesus gaang sinn, an déi, déi nokomm sinn, hu geruff:

„*Hosanna* dem David sengem Jong!
Geseent sief deen,
deen am Här sengem Numm kënnt![b]
Hosanna héich do uewen![c] "

[10] Wéi de Jesus a Jerusalem erageridde komm ass, huet déi ganz Stad geziddert an sech gefrot: „A wien ass dat doten?" [11] D'Leit, déi mat dem Jesus koumen,

soten: „Et ass de Prophéit Jesus vun Nazareth a Galiläa."

12 De Jesus ass an den Tempel gaang an huet do all déi, déi am Virhaff kaaft a verkaaft hunn, erausgehäit. Hien huet d'Dëscher vun deenen, déi d'Geld gewiessel hunn, an d'Still vun deenen, déi d'Dauwe verkaaft hunn, ëmgestouss, 13 an hie sot zu hinnen: „Et steet geschriwwen: *Mäin Haus soll en Haus vum Gebiet genannt ginn*ᵈ, dir awer maacht eng *Raiberhiel*ᵉ draus!" 14 Du si Blanner a Schlammer am Tempel bei hie komm, an hien huet si geheelt. 15 Wéi d'Hohepriister an d'Schrëftgeléiert déi Wonner gesinn hunn, déi de Jesus gewierkt huet, an d'Kanner, déi am Tempel gejaut hunn: „Hosanna dem Jong vum David!", du sinn si rose ginn. 16 Si soten zu him: „Héiers du net, wat si soen?" De Jesus huet hinne geäntwert: „Dach. Hutt dir dann ni gelies: *Aus de Kanner an de Puppelcher hirem Mond verschaafs du dir Luef*ᶠ?" 17 Hien huet si stoe gelooss an ass aus der Stad erausgaang op Bethanien, wou hien d'Nuecht iwwer bliwwen ass.

18 Muerges fréi, wéi hien an d'Stad hannescht gaang ass, war hien hongreg. 19 Um Wee huet hien en eenzele Figebam stoe gesinn an ass op en duergaang, ma hien huet soss näischt un em fonnt wéi nëmme Blieder. Du sot hien zum Bam: „An all Éiwegkeet solls du keng Fruucht méi droen!" An de Figebam ass op der Plaz verdiert.

86 |

20 Wéi d'Jünger dat gesinn hunn, hunn si sech gewonnert a soten: „Wéi konnt dee Figebam do op der Plaz verdieren?" 21 De Jesus huet hinne geäntwert: „Amen, ech soen iech: Wann dir Glawen hutt an net zweiwelt, da maacht dir net nëmmen dat mat deem Figebam, ma wann dir zu dësem Bierg sot: ‚Erhief dech a gehei dech an d'Mier!', da geschitt et. 22 Alles, wat dir am Gebiet frot, kritt dir, wann dir gleeft."

23 Wéi hien an den Tempel gaang ass an do [d'Leit] geléiert huet, sinn d'Hoheprüster an déi Eelst vum Vollek bei hie komm an hunn hie gefrot: „Mat wat fir enger Autoritéit méchs du dat? A wien huet dir déi Autoritéit ginn?" 24 De Jesus huet hinne geäntwert: „Ech stellen iech och eng Fro, eng eenzeg. Wann dir mir dorop äntwert, da soen ech iech och, mat wéi enger Autoritéit ech dat maachen. 25 Wouhier kënnt dem Johannes seng Daf, vum Himmel oder vun de Mënschen?" Si hunn iwwerluecht a soten: „Wa mir äntweren: ‚Vum Himmel', da seet hien zu äis: ‚Firwat hutt dir dann net gegleeft?' 26 Wa mir awer äntweren: ‚Vun de Mënschen', da musse mir d'Vollek fäerten, well alleguer halen si de Johannes fir e Prophéit." 27 Dofir hunn si dem Jesus geäntwert: „Mir wëssen et net." Dunn huet de Jesus hinne geäntwert: „Da soen ech iech och net, mat wéi enger Autoritéit ech dat maachen.

28 Wat mengt dir? E Mann hat zwéi Jongen. Hien ass bei deen éischte gaang a sot: ‚Mäi Jong, géi haut

an de Wéngert schaffen!' 29 Ma de Jong huet geäntwert: ,Ech wëll net!' Herno awer huet et him leedgedoen, an hien ass dohi gaang. 30 De Mann ass och bei deen anere Jong gaang a sot datselwecht. Deen huet geäntwert: ,Ech ginn, Här!', ma hien ass net dohi gaang. 31 Wie vun deenen zwéin huet dat gemaach, wat de Papp wollt?" Si soten: „Deen Éischten." De Jesus sot zu hinnen: „Amen, ech soen iech: D'Steierandreiwer an d'Stroossemeedercher gi virun iech an dem Herrgott säi Räich eran. 32 De Johannes ass nämlech bei iech komm, an hien ass um Wee vun der Gerechtegkeet gaang, ma dir hutt him net gegleeft. D'Steierandreiwer an d'Stroossemeedercher dergéint hunn him gegleeft. Dir hutt dat gesinn, ma och duerno huet et iech net leedgedoen, esou datt dir him gegleeft hätt.

33 Lauschtert nach en anert Gläichnes: En Haushär huet e Wéngert ugeplanzt, en Zonk ronderëm gezunn, eng Kelter dra gegruewen an en Tuerm gebaut. Dunn huet hien de Wéngert u Wënzer verpacht an ass an d'Friemd gaang. 34 Wéi d'Zäit vun der Lies komm ass, huet hien seng Kniecht bei d'Wënzer geschéckt, fir säin Erdrag ze kréien. 35 D'Wënzer awer hunn seng Kniecht geholl, deen een hunn si zerschloen, deen aneren doutgemaach an deen drëtte gestengegt. 36 Nach eng Kéier huet hie Kniecht dohi geschéckt, an zwar der méi wéi virdrun, an d'Wënzer hunn et d'selwecht gemaach. 37 Zu gudder Lescht huet hien säi Jong bei si geschéckt. Hie sot sech: ,Mäi

Jong uechten si bestëmmt!' [38] Wéi awer d'Wënzer de Jong gesinn hunn, soten si een zum aneren: ,Dat do ass den Ierwen. Kommt, mir maachen hien dout an huelen seng Ierfschaft fir äis!' [39] An si hunn hie geholl, aus dem Wéngert erausgehäit an doutgemaach. [40] Wann elo den Här vum Wéngert kënnt, wat mécht hien da mat dëse Wënzer?" [41] [Déi, déi am Tempel waren,] hunn zum Jesus gesot: „Deene Béise mécht hien e béist Enn, an de Wéngert verpacht hien un aner Wënzer, déi him den Erdrag mat Zäit ofliwweren."

[42] Du sot de Jesus zu hinnen: „Hutt dir dat hei nach ni an de Schrëfte gelies:

De Steen, deen d'Steemetzer verworf hunn,
ass den Eckstee ginn.
Duerch den Här ass en et ginn,
an en ass wonnerbar an eisen Aeng?

[43] Duerfir soen ech iech: Iech gëtt dem Herrgott säi Räich ewechgeholl, an et gëtt engem Vollek ginn, dat derfir suergt, datt d'Räich en Erdrag huet. [[44] Wien op dëse Stee fält, dee fiert a Stécker, an op wien de Stee fält, dee gëtt zerquetscht.]"

[45] Wéi d'Hohepriister an d'Pharisäer seng Gläichnesser héieren hunn, hunn si verstan, datt hie vun hinne geschwat huet. [46] Si hätten hie gär festgeholl. ma si hunn d'Vollek gefaart, well et de Jesus fir e Prophéit gehal huet.

[a] Is 62,11; Zach 9,9.
[b] Ps 118,25f.
[c] Ps 148,1; Job 16,19.
[d] Is 56,7; 60,7.
[e] Jer 7,11.
[f] Ps 8,3 LXX.
[g] Ps 118,22-23.

22 [1] De Jesus huet hinnen nees Gläichnesser erzielt. Hie sot: [2] „D'Himmelräich ass ze vergläiche mat engem Kinnek, deen alles fir sengem Jong seng Hochzäitsfeier an d'Rei gemaach huet. [3] Hien huet seng Kniecht erausgeschéckt, fir d'Gäscht op d'Hochzäit ze ruffen, ma d'Gäscht wollten net kommen. [4] Nach eng Kéier huet hie Kniecht dohi geschéckt an hinne gesot: ‚Sot de Leit, déi geruff sinn: Kuckt, ech hunn d'Iesse virbereet, meng Ochsen a meng Maschtdéiere si geschluecht, an alles ass prett; kommt op d'Hochzäit!‘ [5] Verschiddener hunn net dorop reagéiert a sinn hirer Wee gaang, sief et op hiert Feld, sief et an hire Buttek; [6] anerer hunn seng Kniecht geholl, si gepéngegt an si doutgemaach. [7] Dueropshin ass de Kinnek rose ginn, hien huet seng Arméie geschéckt, huet déi Mäerder ëmbruecht an hir Stad a Brand gestach. [8] Du sot hien zu senge Kniecht: ‚Et ass zwar alles prett fir d'Hochzäit, ma déi Leit, déi geruff waren, waren es net wäert. [9] Gitt duerfir eraus op d'Landstroossen a rufft jiddereen, deen dir fannt, op

90 |

d'Hochzäit!' [10] D'Kniecht sinn eraus op d'Land-strooss gaang, an si hunn all déi zesummebruecht, déi si fonnt hunn, Béiser a Gudder, an d'Plazen um Hochzäitsdësch sinn all besat ginn. [11] Wéi de Kinnek eragaang ass, fir sech d'Leit um Dësch unzekucken, huet hien do e Mann gesinn, deen net fir op eng Hochzäit gekleet war, [12] an hie sot zu him: ,Frënd, wéi bass du hei erakomm, ouni fir op eng Hochzäit gekleet ze sinn?' De Mann awer huet de Mond net opgedoen. [13] Dunn huet de Kinnek zu den Dénger gesot: ,Bannt him Hänn a Féiss a geheit hien eraus, an d'Däischtert! Do gëtt gejéimert a mat den Zänn gegrätscht.' [14] Well vill sinn der geruff, ma wéineg sinn der auserwielt."

[15] Du sinn d'Pharisäer higaang an hunn ënnerenee beroden, wéi si de Jesus mat sengen eegene Wierder fänke kéinten. [16] Si hunn hir Jünger bei hie ge-schéckt, zesumme mat dem Herodes senge Leit, an déi soten: „Meeschter, mir wëssen, datt s du e Mënsch vun der Wourecht bass, datt s du d'Leit dem Herrgott säi Wee esou léiers, wéi e wierklech ass, an datt s du dech vu kengem beaflosse léiss, well s du net op d'Persoun kucks. [17] Duerfir so äis, wat s du mengs: Ass et erlaabt, dem Keeser Steieren ze be-zuelen, oder net?" [18] De Jesus awer huet hir Nidder-trächtegkeet erkannt a sot: „Wat stellt dir mech op d'Prouf, dir Schäinhelleger? [19] Weist mir déi Mënz, mat där d'Steiere bezuelt ginn!" Si hunn him eng Sëlwermënz gereecht. [20] Du sot hien zu hinnen:

„Wiem säi Bild a wiem seng Opschrëft ass dat hei?" [21] Si hunn him geäntwert: „Dem Keeser seng." Dueropshi sot hien zu hinnen: „Da gitt dem Keeser dat, wat dem Keeser zousteet, a gitt dem Herrgott dat, wat dem Herrgott zousteet!" [22] Wéi si dat héieren hunn, waren si paff, an si hunn hie stoe gelooss a si fortgaang.

[23] Deeselwechten Dag si Sadduzäer, déi behaapten, et géif keng Operstéiung ginn, bei de Jesus komm an hunn hie gefrot: [24] „Meeschter, de Moses huet gesot: *Wann e Mann stierft, ouni Kanner ze hunn, da soll säi Brudder deem Mann seng Fra bestueden an esou sengem Brudder Nokomme verschafen* [a]. [25] Et goufe bei äis emol siwe Bridder. Deen éischten huet sech bestuet an ass gestuerwen, a well hie keng Nokommen hat, huet hien seng Fra sengem Brudder hannerlooss. [26] D'selwecht war et beim zweeten a beim drëtte bis hi bei dee siwenten. [27] Zu gudder Lescht, no hinnen all, ass och d'Fra gestuerwen. [28] Wiem vun deene siwen seng Fra ass si da bei der Operstéiung? Si haten si jo all fir Fra." [29] De Jesus huet hinne geäntwert: „Dir iert iech, well dir weder d'Schrëften nach dem Herrgott seng Kraaft kennt. [30] Bei der Operstéiung bestit een sech net méi, an et gëtt een net méi bestuet, ma et ass een ewéi d'Engelen am Himmel. [31] Wat d'Operstéiung vun deenen Doudegen ugeet, hutt dir net dat Wuert gelies, dat den Herrgott iech gesot huet: [32] *,Ech sinn de Gott vum Abraham, de Gott vum Isaak an de Gott vum Jakob'* [b]? Hien ass net de Gott

vun den Doudegen, ma vun de Liewegen." [33] Déi vill Leit, déi dat héieren hunn, waren ausser sech iwwer seng Léier.

[34] Wéi awer d'Pharisäer héieren hunn, datt hien de Sadduzäer de Mond gestoppt hat, du hunn si sech op där Plaz, wou de Jesus war, getraff. [35] Ee vun hinnen, deen sech am Gesetz auskannt huet, wollt de Jesus op d'Prouf stellen an huet hie gefrot: [36] „Meeschter, wéi eent ass dat gréisst Gebot am Gesetz?" [37] De Jesus huet him geäntwert: „*Du solls den Här däi Gott gär hu mat dengem ganzen Häerz a mat denger ganzer Séil a mat dengem ganzen Denken*[c]. [38] Dat ass dat gréisst, dat éischt Gebot. [39] Dat zweet awer ass gradesou grouss: *Du solls däin Nächste gär hu wéi dech selwer*[d]. [40] Un dësen zwee Geboter hänkt dat ganzt Gesetz an och d'Prophéiten."

[41] Wéi d'Pharisäer beienee waren, huet de Jesus si gefrot: [42] „Wat denkt dir iwwer de Messias? Wiem säi Jong ass hien?" Si hu geäntwert: „Dem David säin." [43] Du sot hien zu hinnen: „Wéi kann dann den David hien, erfëllt vum Geescht, ,Här' nennen, wann hie seet: [44] ,*Den Här seet zu mengem Här: Sëtz dech rietserhand vu mir, bis datt ech dir deng Feinden ënner deng Féiss geluecht hunn'*[c]? [45] Wann elo den David hien ,Här' nennt, wéi kann de Messias da säi Jong sinn?" [46] Dorop konnt keen him eppes äntweren, a vun deem Dag un huet keen et méi gewot, hien nach eppes ze froen.

---

[a] *Cf.* Dtn 25,5-6; Gen 38,8.
[b] Ex 3,6.
[c] Dtn 6,5; Jos 22,5 LXX.
[d] Lev 19,18.
[e] Ps 110,1.

23

[1] Dueropshi sot de Jesus zu deene ville Leit, déi do waren, an zu senge Jünger: [2] „D'Schrëftgeléiert an d'Pharisäer, déi hunn sech op de Léierstull vum Moses gesat. [3] Duerfir sollt dir all dat maachen an anhalen, wat si soen, ma no deem, wat si maachen, sollt dir iech net riichten! Si soen nämlech, wat ee maache muss, si selwer awer maachen et net. [4] Si banne grouss Laaschten zesummen, déi schwéier ze droe sinn, a leeën se de Leit op d'Schëlleren, ma si selwer sinn net bereet, och nëmmen ee Fanger kromm ze maachen, fir déi Laaschte virunzebewee-gen. [5] Bei allem, wat si maachen, geet et hinnen drëm, fir vun de Leit gesinn ze ginn: Si maachen hir Gebietsrimmer extra breet an d'Fränjelen un hirem Gezei besonnesch grouss, [6] si hu gär d'Éiereplaz um Dësch an déi éischt Plazen an de Synagogen, [7] si gi gär op de Maartplaze gegréisst a vun de Leit ‚Rabbi' genannt.

[8] Dir awer sollt iech net ‚Rabbi' nenne loossen, well nëmmen een Eenzegen ass äre Meeschter, an dir sidd alleguer Gesëschter! [9] Dir sollt och keen op der

Äerd äre Papp nennen, well nëmmen een Eenzegen ass äre Papp – deen am Himmel! [10] An dir sollt iech och net Léiermeeschter nenne loossen, well nëmmen een Eenzegen ass äre Léiermeeschter – de Christus! [11] Dee Gréisste vun iech soll ären Dénger ginn. [12] Wien awer sech selwer erhéicht, dee gëtt erofgesat, a wien sech selwer erofsetzt, dee gëtt erhéicht.

[13] Gare ärer, dir Schrëftgeléiert a Pharisäer, dir Schäinhelleger! Dir späert nämlech d'Himmelräich virun de Mënschen zou. Dir selwer kommt net eran, an dir loosst och déi net erakommen, déi eragoe wëllen.

[14a]

[15] Gare ärer, dir Schrëftgeléiert a Pharisäer, dir Schäinhelleger! Dir fuert iwwer Mier a Land, fir een Eenzege fir äre Glaf ze gewannenb, a wann hie bis gewonnen ass, da maacht dir aus him een, deen d'Häll verdéngt an deen duebel esou schlëmm ass wéi dir.

[16] Gare ärer, dir blann Weeweiser, déi dir sot: ‚Wann ee beim Tempel schwiert, da gëllt et net, wann awer ee beim Gold vum Tempel schwiert, dann ass hien un säin Eed gebonnen.' [17] Dir blann Eefalten. Wat ass da méi grouss: d'Gold oder den Tempel, duerch deen d'Gold eréischt helleg gëtt? [18] A wann ee beim Altoer schwiert, da gëllt et net, wann awer ee bei dem Affer schwiert, dat um Altoer läit, dann ass hien un säin Eed gebonnen. [19] Dir Blanner! Wat ass da méi grouss: d'Affer oder den Altoer,

duerch deen d'Affer eréischt helleg gëtt? 20 Wie beim Altoer schwiert, schwiert beim Altoer a bei allem, wat op em läit. 21 A wie beim Tempel schwiert, schwiert beim Tempel a bei deem, deen dra wunnt. 22 A wie beim Himmel schwiert, dee schwiert beim Herrgott sengem Troun a bei deem, deen drop sëtzt.

23 Gare ärer, dir Schrëftgeléiert a Pharisäer, dir Schäinhelleger! Dir bezuelt nämlech den Zéngte vu Peffermënz, Dëll a Këmmel, ma dat Wichtegst vum Gesetz loosst dir ewech: d'Gerechtegkeet, d'Erbaarmen an d'Trei! Dat eent muss ee maachen, an dat anert net ewechloossen. 24 Dir blann Weeweiser! D'Méck filtert dir eraus, an d'Kaméil drénkt dir mat.

25 Gare ärer, dir Schrëftgeléiert a Pharisäer, dir Schäinhelleger! Dir botzt nämlech d'Becheren an d'Schossele baussen, bannendran awer sinn se voll vun deem, wat dir un iech gerappt an zesummegeraaft hutt. 26 Du blanne Pharisäer: Botz fir d'éischt de Becher bannendran, da gëtt en och bausse reng!

27 Gare ärer, dir Schrëftgeléiert a Pharisäer, dir Schäinhelleger! Dir sidd nämlech ewéi Griewer, déi wäiss ugestrach sinn an sech vu bausse schéin ugesinn, ma bannendran sinn se voll mat Schanke vun Doudegen an allméiglech Onrengem. 28 Esou ass et och mat iech: Vu bausse gitt dir de Leit den Uschäin, gerecht ze sinn, ma bannendra sidd dir soss näischt ewéi schäinhelleg, an dir haalt iech net un d'Gesetz.

29 Gare ärer, dir Schrëftgeléiert a Pharisäer, dir Schäinhelleger! Dir riicht nämlech de Prophéite

Griewer op a rëscht deene Gerechten hir Monumenter, 30 an dir sot: ‚Wa mir zur Zäit vun eise Pappe gelieft hätten, da wäre mir net um Blutt vun de Prophéite mat schëlleg ginn.' 31 Domat bezeit dir iech selwer, datt dir Nokomme vun deene sidd, déi d'Prophéiten doutgemaach hunn. 32 Dir maacht d'Mooss vun äre Pappe voll. 33 Dir Vipperen a Schlaangebrutt, wéi wëllt dir virum Geriicht vun der Häll fortlafen?

34 Dofir kuckt, ech schécke Prophéiten, Verstänneger a Schrëftgeléierter bei iech. Verschiddener vun hinne maacht dir dout, anerer kräizegt dir, nach anerer gäisselt dir an äre Synagogen a verfollegt si vu Stad zu Stad. 35 Esou kënnt all dat gerecht Blutt, dat op der Welt vergoss ginn ass, iwwer iech, ugefaang beim Blutt vum Abel, dem Gerechten, bis hi bei d'Blutt vum Zacharias, dem Barachias sengem Jong, deen dir tëscht Tempel an Altoer ëmbruecht hutt. 36 Amen, ech soen iech: Dat alles kënnt iwwer dës Generatioun. 37 Jerusalem, Jerusalem, dat s du d'Prophéiten doutméchs an déi stengegs, déi bei dech geschéckt ginn. Wéi dacks wollt ech deng Kanner ëm mech sammelen, esou wéi eng Kluck hir Schippelcher ënner hire Flillécke sammelt, ma dir hutt net gewollt. 38 Kuck: Dofir gëtt äert Haus iech eidel zréckgelooss[c]. 39 Ech awer soen iech: Vun elo u gesitt dir mech net méi, bis datt dir sot: *,Geseent sief deen, deen am Här sengem Numm kënnt!'*[d]."

| 97

---

[a] Spéider Textzeie setzen nach derbäi: Gare ärer, dir Schrëft-geléiert a Pharisäer, dir Schäinhelleger! Dir friesst nämlech de Witfraen hir Haiser op a gitt iech no baussen, wéi wann dir laang biede géift. Dofir gëtt iwwer iech eng Kéier ëmsou méi en haart Uerteel gesprach (*cf.* Mk 12,40).

[b] Wuertwiertlech: fir aus engem Eenzegen e Proselyt ze maachen.

[c] Ze verstoen am Sënn vun: Dofir léisst den Herrgott iech äert Haus eidel zréck („Passif divin").

[d] Ps 118,26.

24 [1] De Jesus ass aus dem Tempel erauskomm an ass fortgaang. Du sinn seng Jünger bei hie komm, fir him d'Gebailechkeete vum Tempel ze weisen. [2] Hien awer sot zu hinnen: „Duerchkuckt dir all dat dann net? Amen, ech soen iech: Et gëtt kee Steen op deem anere gelooss, deen net och nach a Stécker geha géif."

[3] Wéi hien sech um Olivebierg gesat hat, sinn seng Jünger eleng bei hie komm a soten: „So äis, wéini soll dat geschéien, a wat ass d'Zeeche vun dengem Erëmkommen a vum Enn vun den Zäiten?"

[4] De Jesus huet hinne geäntwert: „Dot uecht, datt keen iech ierféiert! [5] Et kommen der nämlech vill a mengem Numm, déi soen: ‚Ech sinn de Messias', an si féieren der vill ier. [6] Dir héiert vu Kricher a vun Noriichten iwwer Kricher. Passt op, datt dir dann net erféiert! Well dat muss geschéien, ma dat ass [nach] net d'Enn. [7] Si ginn nämlech all géinteneen: Vollek géint Vollek a Kinnekräich géint Kinnekräich,

an op ville Plaze gëtt et Hongersnéit an Äerdbiewen. [8] Ma dat alles ass eréischt den Ufank vun de Wéien.

[9] Da schikanéieren si iech an si maachen iech dout, a wéinst mengem Numm gitt dir vun alle Vëlleker gehaasst. [10] Vill falen der deen Ament ëm, si liwweren een deen aneren aus an si haassen sech géigesäiteg. [11] Vill falsch Prophéiten trieden op a féieren der vill ier. [12] A well d'Gesetzlosegkeet zouhëlt, killt d'Léift bei villen of. [13] Wien awer bis un d'Enn duerhält, dee gëtt gerett. [14] Dës gutt Noriicht vum [Himmel]räich gëtt an der ganzer Welt verkënnegt als Zeechnes fir all d'Vëlleker, an dann eréischt kënnt d'Enn.

[15] Wann dir *déi freeschlech Grujel, déi alles dem Äerdbuedem gläichmécht*[a], a vun där de Prophéit Daniel geschwat huet, op der helleger Plaz stoe gesitt – wien dat liest, dee soll et begräifen –, [16] da sollen déi, déi a Judäa sinn, an d'Bierger fortlafen. [17] Wien da grad um Daach ass, soll net erofklammen, fir d'Saachen aus sengem Haus erauszehuelen, [18] a wien um Feld ass, soll net hannescht goen, fir säi Mantel ze huelen. [19] Gare deene [Fraen] hirer, déi dann an aneren Ëmstänn sinn oder an deenen Deeg nieren.

[20] Biet, datt är Flucht net an de Wanter oder op e Sabbat fält. [21] Da kënnt nämlech eng grouss Nout, wéi et zënter dem Ufank vun der Welt bis elo nach keng ginn huet a wéi et och sécher keng méi gëtt. [22] Wann déi Deeg net verkierzt géifen, da kéint kee gerett ginn; ma wéinst deenen Auserwielte ginn déi Deeg verkierzt.

23 Wann dann een zu iech seet: ,Kuck, hei ass de Messias!' oder ,Do ass hien!', da gleeft et net! 24 Et trieden nämlech falsch Messiasen a falsch Prophéiten op, déi grouss Zeechen a Wonner wierken an esou versichen, och nach déi Auserwielt ierzeféieren – wann dat iwwerhaapt méiglech wär. 25 Kuck, ech hunn iech et virausgesot: 26 Wann si elo zu iech soen: ,Kuck, hien ass an der Wüüst!', gitt net dohinner! ,Kuck, [hien ass] dobannen[b]!', gleeft et net! 27 Well esou wéi de Blëtz vum Osten erfort bis an de Weste lücht, esou ass et och, wann de Mënschejong erëmkennt. 28 Wou och ëmmer d'Aas ass, do versammelen d'Geier sech.

29 Ma direkt no där grousser Nout vun deenen Deeg *verdäischtert d'Sonn sech, an de Mound gëtt kee Schäi méi*[c], *an d'Stäre fale* vum Himmel *erof, an d'Himmelskräften*[d] erzidderen. 30 An dann erschéngt d'Zeeche vum Mënschejong um Himmel, an da schloen all d'Volleksstämm, déi op der Äerd sinn, sech un d'Broscht, an si gesinn *de Mënschejong, dee* mat Kraaft a grousser Herrlechkeet *op de Wolleke vum Himmel kënnt*[e]. 31 Mat mächtegem Trompettespill schéckt hien seng Engelen eraus, an si féieren seng Auserwielt aus deene véier Himmelsrichtungen zesummen, vun engem Enn vum Himmel bis un dat anert.

32 Vum Figebam awer kënnt dir dëst Gläichnes léieren: Wann seng Äscht Saaft zillen an d'Blieder ufänken auszeschéissen, gesitt dir, datt et gläich Summer gëtt. 33 Erkennt also och, wann dir dat alles

gesitt, datt de Mënschejong virun der Dier steet! 34 Amen, ech soen iech: Dës Generatioun vergeet net, bis dat alles geschitt ass. 35 Himmel an Äerd verginn, meng Wierder dergéint verginn ni.

36 Iwwer deen Dag an déi Stonn awer weess keen eppes, weder d'Engelen am Himmel, nach de Jong, nëmme just de Papp eleng.

37 Well esou wéi zur Zäit vum Noah ass et och, wann de Mënschejong kënnt. 38 Esou wéi d'Leit an deenen Deeg virun der Sintflut giess a gedronk hunn, sech bestuet hunn a bestuet gi sinn, bis deen Dag, wou den Noah an d'Arch eragaang ass, 39 an esou wéi si näischt an Uecht geholl hunn, bis d'Sintflut komm ass an si alleguer mat ewechgeholl huet, esou ass et och, wann de Mënschejong kënnt. 40 Vun zwee Leit, déi um Feld sinn, gëtt ee matgeholl, an ee gëtt dogelooss; 41 vun zwou Fraen, déi mat der Mille muelen, gëtt eng matgeholl, an eng gëtt dogelooss.

42 Duerfir waacht, well dir wësst net, wat fir en Dag ären Här kënnt! 43 Mierkt iech dat hei: Wann den Haushär wéisst, a wat fir enger Nuetswuecht den Déif kënnt, da géif hie waachen an net zouloossen, datt bei him doheem agebrach gëtt. 44 Duerfir haalt och dir iech prett, well de Mënschejong kënnt zu enger Stonn, wou dir net drop gefaasst sidd!

45 Wien ass wuel deen treien a lousen Dénger, deen den Här iwwer déi asetzt, déi bei him am Déngscht sinn, fir datt hien hinne mat Zäit d'Iesse verdeelt? 46 Glécklech ass deen Dénger, deen domat

amgaang ass, wann säin Här kënnt. [47] Amen, ech soen iech: Den Här gëtt him säi ganze Besëtz ze verwalten. [48] Wann awer dee schlechten Dénger bei sech denkt: ,Mäin Här léisst sech Zäit!' [49] an ufänkt, déi ze schloen, déi mat him am Déngscht sinn, a mat de Sëffer z'iessen an ze drénken, [50] da kënnt deem Dénger säin Här op engem Dag, wou hien et net erwaart, an zu enger Stonn, déi hien net kennt, [51] an dann heet hien den Dénger a Stécker an deet hien deene Schäinhellegen hiert Lous deelen; do gëtt da gejéimert a mat den Zänn gegrätscht.

---

[a] Dan 9,27.
[b] Wuertwiertlech: Kuckt an de Kummeren.
[c] Is 13,10.
[d] Is 34,4.
[e] Dan 7,13.

25
[1] Dann ass d'Himmelräich ze vergläiche mat zéng Jongfraen, déi hir Uelegluuchte geholl hunn an sech op de Wee gemaach hunn, fir dem Bräitchemann entgéintzegoen. [2] Fënnef vun hinne waren topeg, a fënnef waren der lous. [3] Déi Topeg hunn nämlech hir Luuchte geholl, ouni Ueleg matzehuelen; [4] déi Lous awer hu mat hire Luuchten och nach Kréi voll Ueleg matgeholl. [5] Wéi de Bräitchemann net erbäikomm ass, sinn si alleguer enttompt an hu geschlof. [6] Matzen an der Nuecht goung e Ge-

jäiz lass: ‚De Bräitchemann kënnt! Gitt him entgéint!'
[7] Du sinn d'Jongfraen alleguer waakreg ginn, an si hunn hir Luuchte preparéiert. [8] Déi Topeg soten zu deene Lousen: ‚Gitt äis vun ärem Ueleg, well eis Luuchte ginn aus!' [9] Ma déi Lous hu geäntwert: ‚Dat kënnt net a Fro! Den Ueleg geet net duer fir äis a fir iech. Gitt léiwer bei d'Kréimer a kaaft iech es!' [10] Wéi déi Topeg awer fort waren, fir es ze kafen, ass de Bräitchemann ukomm, an déi, déi prett waren, si mat him eran op d'Hochzäit gaang. Duerno ass d'Dier zougespaart ginn. [11] Méi spéit koumen och déi aner Jongfraen, an si soten: ‚Här, Här, maach äis op!' [12] Hien awer huet geäntwert: ‚Amen, ech soen iech: Ech kennen iech net!' [13] Duerfir waacht, well dir kennt weder den Dag nach d'Stonn!

[14] Mat dem Himmelräich ass et och wéi mat engem Mann, deen op d'Rees gaang ass. Hien huet seng Dénger geruff an hinnen säi Besëtz uvertraut. [15] Deem engen huet hie fënnef Talenter[a] ginn, deem aneren der zwee, nees engem aneren eent, jidderengem senge Fähegkeeten no, an dunn ass hien op d'Rees gaang. Eenzock [16] ass deen, deen déi fënnef Talenter kritt hat, higaang an huet dermat geschafft, an hien huet der nach fënnef derbäiverdéngt.[17] Gradesou huet och dee mat deenen zwee Talenter der nach zwee derbäiverdéngt. [18] Deen awer, deen dat eent Talent kritt hat, ass fortgaang, huet e Lach an de Buedem gegruef an huet sengem Här seng Sue verstoppt.

103

[19] No laanger Zäit ass deenen Dénger hiren Här zréckkomm an huet d'Ofrechnung mat hinne gemaach. [20] Deen, deen déi fënnef Talenter kritt hat, ass dohigetratt an huet nach fënnef aner Talenter matbruecht. Hie sot: ‚Här, fënnef Talenter has du mir uvertraut; kuck, ech hunn der nach fënnef derbäiverdéngt!' [21] Säin Här sot zu him: ‚All Respekt, du bass e gudden an zouverléissegen Dénger! Bei deem bëssche waars du zouverléisseg, duerfir wëll ech dech och asetzen iwwer villes. Komm, free dech mat mir!b' [22] Och dee mat deenen zwee Talenter ass dohigetratt a sot: ‚Här, zwee Talenter has du mir uvertraut; kuck, ech hunn der nach zwee derbäiverdéngt!' [23] Säin Här sot zu him: ‚All Respekt, du bass e gudden an zouverléissegen Dénger! Bei deem bëssche waars du zouverléisseg, duerfir wëll ech dech och asetzen iwwer villes. Komm, free dech mat mir!c' [24] Dunn ass och deen, deen dat eent Talent kritt hat, dohigetratt a sot: ‚Här, ech weess, datt s du en haarde Mënsch bass: Du hëls eng Rekolt eran, wou s du net geséit hues, an du sammels an, wou s du net ausgestreet hues. [25] Well ech gefaart hunn, sinn ech fortgaang an hunn däin Talent am Buedem verstoppt. Kuck, hei hues du Däint erëm!' [26] Säin Här huet him geäntwert: ‚Du schlechten a lidderegen Dénger! Du wousst dach, datt ech eng Rekolt eranhuelen, wou ech net geséit hunn, an datt ech asammelen, wou ech net ausgestreet hunn! [27] Duerfir häss du meng Sue missen op d'Bank setzen, a wann ech

zréckkomm wär, hätt ech Mäint da mat Zënsen erëmkritt! [28] Huelt him also dat Talent of a gitt et deem, deen déi zéng Talenter huet! [29] Well jiddereen, deen eppes huet, kritt nach derbäi, an hie kritt am Iwwerfloss. Deen awer, deen näscht huet, kritt och nach dat ewechgeholl, wat hien huet. [30] An deen onnëtzen Dénger, geheit deen eraus, an d'Däischtert! Do gëtt gejéimert a mat den Zänn gegrätscht.'

[31] Wann awer de Mënschejong an senger Herrlechkeet kënnt an alleguer d'Engele mat him, da sëtzt hien sech op den Troun vun senger Herrlechkeet. [32] An da ginn alleguer d'Vëlleker virun him versammelt, an hie sënnert se vuneneen, esou wéi den Hiert d'Schof vun de Geesse sënnert. [33] D'Schof stellt hien op seng riets Säit an d'Geessen op seng lénks Säit. [34] Da seet de Kinnek zu deenen op senger rietser Säit: ,Kommt, déi dir vu mengem Papp geseent sidd, dir ierft d'Räich, dat fir iech virbereet ginn ass, zënter d'Welt besteet! [35] Ech war nämlech hongereg, an dir hutt mir z'iesse ginn; ech war duuschtereg, an dir hutt mir ze drénke ginn; ech war friem, an dir hutt mech bei iech opgeholl; [36] ech war plakeg, an dir hutt mir eppes fir unzedoe ginn; ech war krank, an dir hutt no mir gekuckt; ech war am Prisong, an dir sidd bei mech komm.' [37] Dann äntweren déi Gerecht him: ,Här, wéini hu mir dech hongereg gesinn an hunn dir z'iesse ginn, oder duuschtereg an hunn dir ze drénke ginn? [38] A wéini hu mir dech als Frieme gesinn an hunn dech bei äis

opgeholl, oder plakeg an hunn dir eppes fir unzedoe ginn? [39] A wéini hu mir dech krank oder am Prisong gesinn a si bei dech komm?' [40] An de Kinnek äntwert hinnen: ‚Amen, ech soen iech: Wat dir fir ee vun deene mannste vu menge Bridder gemaach hutt, dat hutt dir fir mech gemaach.' [41] Da seet hien zu deenen op senger lénkser Säit: ‚Fort mat iech, déi dir verflucht sidd, fort an dat éiwegt Feier, dat fir den Däiwel an seng Engele virbereet ginn ass! [42] Ech war nämlech hongereg, an dir hutt mir näischt z'iesse ginn; ech war duuschtereg, an dir hutt mir näischt ze drénke ginn; [43] ech war friem, an dir hutt mech net bei iech opgeholl; ech war plakeg, an dir hutt mir näischt fir unzedoe ginn; ech war krank an am Prisong, an dir hutt net no mir gekuckt.' [44] Dann äntweren och si: ‚Här, wéini hu mir dech hongereg oder duuschtereg oder als Frieme gesinn, plakeg oder krank oder am Prisong, a mir hunn äis net ëm dech gekëmmert?' [45] Dann äntwert hien hinnen: ‚Amen, ech soen iech: Wat dir fir ee vun deene Mannsten net gemaach hutt, dat hutt dir och fir mech net gemaach.' [46] An si gi fort an d'éiweg Strof, déi Gerecht awer an d'éiwegt Liewen.“

---

[a] 1 Talent = 6.000 Drachmen = 6.000 Denaren = 6.000 Sëlwermënzen; 1 Sëlwermënz war deemools den normalen Dagesloun vun engem Aarbechter.

[b] Wuertwiertlech: Komm eran an dengem Här seng Freed!

[c] Wuertwiertlech: Komm eran an dengem Här seng Freed!

26

[1] Wéi de Jesus mat dëser Ried fäerdeg war, sot hien zu senge Jünger: [2] „Dir wësst, datt an zwéin Deeg d'Pessachfest ass. Da gëtt de Mënschejong ausgeliwwert, fir gekräizegt ze ginn."

[3] Du sinn d'Hohepriister an déi Eelst vum Vollek am Palast vum Hohepriister, dee Kaiphas geheescht huet, zesummekomm, [4] an si sinn sech eens ginn, fir de Jesus mat Hannerlëscht festzehuelen an doutzemaachen. [5] Si soten awer: „Nëmmen net um Fest, fir datt et keng Oprou am Vollek gëtt."

[6] Wéi de Jesus zu Bethanien am Haus vum Simon dem Aussätzege war, [7] koum eng Fra bei hien. Si hat eng Alabasterfläsch mat wäertvollem Ueleg bei sech, deen si him iwwer de Kapp geschott huet, iwwerdeems hie bei Dësch war. [8] Wéi d'Jünger dat gesinn hunn, goufen si ongehalen a soten: „Firwat dëst Verbëtzen? [9] Et hätt een e kënnen deier verkafen an d'Suen deenen Aarme ginn." [10] De Jesus huet et an Uecht geholl a sot zu hinnen: „Firwat bréngt dir d'Fra a Verleeënheet? Si huet e gutt Wierk u mir gedoen. [11] Déi Aarm hutt dir jo ëmmer bei iech, mech awer hutt dir net ëmmer bei iech. [12] Wéi si den Ueleg iwwer mech[a] geschott huet, huet si dat [am Viraus] fir mäi Begriefnes gemaach. [13] Amen, ech soen iech: Wou och ëmmer op der ganzer Welt dëst Evangelium verkënnegt gëtt, do gëtt erzielt, wat si gemaach huet, an et gëtt un si geduecht."

[14] Dueropshin ass ee vun deenen Zwielef, dee Judas Iskarioth geheescht huet, bei d'Hohepriister gaang

107

[15] an huet si gefrot: „Wat gitt dir mir, wann ech iech de Jesus ausliwweren?" Si hunn him 30 Sëlwermënzen ofgezielt. [16] Vun deem Ament un huet de Judas eng Geleeënheet gesicht, fir de Jesus auszeliwweren.

[17] Deen éischten Dag an der Woch vum Matesbrout sinn d'Jünger bei de Jesus komm a soten: „Wou wëlls du, datt mir d'Pessach fir dech virbereeden?" [18] Hien huet hinne geäntwert: „Gitt an d'Stad bei deen an deen a sot zu him: ‚De Meeschter léisst dir soen: Meng Zäit ass geschwënn do; ech wëll mat menge Jünger d'Pessach bei dir halen.'" [19] D'Jünger hunn dat gemaach, wat de Jesus si ugestallt hat, an si hunn d'Pessach virbereet.

[20] Owes war de Jesus mat deenen Zwielef bei Dësch. [21] Wéi si giess hunn, sot hien: „Amen, ech soen iech: Ee vun iech liwwert mech aus." [22] Du sinn si ganz traureg ginn an hunn hien een nom anere gefrot: „Ech wäert et dach net sinn, Här?" [23] Hien huet geäntwert: „Deejéinegen, dee mat mir seng Hand an d'Schossel zappt, dee liwwert mech aus. [24] De Mënschejong muss wuel säi Wee goen, esou wéi et iwwer hie geschriwwe steet, ma gare deem senger, duerch deen de Mënschejong ausgeliwwert gëtt! Et wär besser fir dee Mënsch, wann hien ni op d'Welt komm wär." [25] Och de Judas, deen hien ausliwwere sollt, huet gefrot: „Ech wäert et dach net sinn, Rabbi?" De Jesus sot zu him: „Du hues et gesot."

[26] Iwwerdeems si giess hunn, huet de Jesus Brout geholl an den Herrgott gelueft; hien huet d'Brout gebrach, a wéi hien de Jünger et ginn huet, sot hien: „Huelt an iesst! Dat hei ass mäi Läif." [27] Dunn huet hien e Kielech geholl an dem Herrgott merci gesot; hien huet hinnen e ginn a sot: „Drénkt alleguer draus, [28] well dat hei ass mäi Blutt, d'Blutt vum Bond, dat wéinst ville vergoss gëtt, fir datt d'Sënnen nogelooss ginn. [29] An ech soen iech: Vun elo un drénken ech net méi vum Drauwestack senger Fruucht bis deen Dag, wou ech a mengem Papp sengem Räich op en Neis mat iech dervun drénken." [30] Nodeems si dunn d'Luefpsalme gesong haten, sinn si erausgaang, op den Olivebierg.

[31] Du sot de Jesus zu hinnen: „Hënt huelt dir alleguer Ustouss u mir. Et steet nämlech geschriwwen: *Ech erschloen den Hiert, an d'Schof aus dem Trapp ginn auserneegejot.*[b] [32] Ma nodeems ech aus dem Doud erwächt gi sinn, ginn ech iech viraus a Galiläa." [33] De Péitrus huet him dorop geäntwert: „A wann se och alleguer Ustouss un dir huelen – ech maachen dat nimools!" [34] De Jesus sot zu him: „Amen, ech soen dir: Hënt, nach éier den Hunn kréit, hues du mech dräimol verleegent." [35] De Péitrus sot zu him: „An esouguer wann ech mat dir stierwe misst – ech verleegnen dech nimools!" Dat nämmlecht hunn och all déi aner Jünger gesot.

[36] Dunn ass de Jesus mat hinnen op eng Plaz gaang, déi Gethsemani genannt gëtt, an hie sot zu de

Jünger: „Sëtzt iech hier, iwwerdeems wou ech do-hannenhinner biede ginn!" [37] Hien huet de Péitrus an dem Zebedäus seng zwéi Jonge matgeholl. Dunn huet hien ugefaang, ganz traureg an onroueg ze ginn, [38] an hie sot zu hinnen: „*Meng Séil ass* doud*traureg.*[c] Bleift hei a waacht mat mir!" [39] Hien ass e Stéck méi wäit gaang, huet sech niddergehäit, mat dem Gesiicht op de Buedem, an huet gebiet: „Mäi Papp, wann et méiglech ass, da soll dëse Kielech laanscht mech go-en! Et soll awer net esou goen, wéi ech et gär hätt, ma wéi s du et wëlls." [40] Wéi hien hannescht bei d'Jünger komm ass, waren si amgaang ze schlofen. Du sot hien zum Péitrus: „Waart dir dann net emol amstand, eng eenzeg Stonn mat mir ze waachen? [41] Waacht a biet, fir datt dir net a Versuchung gerot! De Geescht huet zwar gudde Wëll, ma d'Fleesch ass schwaach." [42] Hien ass nees fortgaang, fir d'zweete Kéier, an huet gebiet: „Mäi Papp, wann dëse Kielech net laanschtgoe kann, ouni datt ech en drénken, da soll dat geschéien, wat s du wëlls!" [43] Wéi hien hannescht komm ass, waren si op en Neis amgaang ze schlofen; d'Ae waren hinnen zougefall. [44] Hien huet si schlofe gelooss, ass erëm fortgaang an huet fir d'drëtte Kéier gebiet, mat deene selwechte Wier-der wéi virdrun. [45] Dunn ass hien hannescht bei d'Jünger komm a sot zu hinnen: „Schlooft roueg virun a rascht! Kuckt, d'Stonn ass do. Elo gëtt de Mënschejong an d'Hänn vu Sënner ausgeliwwert. [46] Stitt op, loosse mer goen! Kuckt, do kënnt deen, dee mech ausliwwert!"

110 |

[47] Iwwerdeems hien nach amgaang war ze schwätzen, ass de Judas, ee vun deenen Zwielef, dohinner komm, a mat him eng ganz Häerd Leit mat Schwäerter a Knëppelen – si ware vun den Hohepriister an deenen Eelste vum Vollek geschéckt ginn. [48] De Judas, deen de Jesus ausliwwere sollt, hat mat hinnen en Zeechen ofgemaach a gesot: „Deen, deem ech e Kuss ginn, deen ass et. Huelt hie mat!" [49] Hien ass elo direkt op de Jesus duergaang a sot: „Ech gréissen dech, Rabbi!" Dunn huet hien him e Kuss ginn. [50] De Jesus awer sot zu him: „Jo, Frënd, duerfir bass du also heihinner komm!" Du sinn si op de Jesus duergaang, hunn Hand un hie geluecht an hie festgeholl. [51] Ma ee vun deenen, déi beim Jesus waren, huet d'Hand ausgestreckt, säi Schwäert gezunn, op dem Hohepriister säi Kniecht lassgeschlo an him d'Ouer erofgeha. [52] Du sot de Jesus zu him: „Stiech däi Schwäert hannescht op seng Plaz, well all déi, déi nom Schwäert gräifen, kommen duerch d'Schwäert ëm! [53] Oder mengs du, ech kéint net mäi Papp drëms bieden, an hie géif mir direkt méi wéi zwielef Legiounen Engele schécken? [54] Wéi sollten d'Schrëften, no deenen dat heite geschéie muss, da soss erfëllt ginn?" [55] An där Stonn sot de Jesus zu deene ville Leit, déi dohi komm waren: „Wéi géint e Raiber sidd dir mat Schwäerter a Knëppele lassgezunn, fir mech ze verhaften? Dag fir Dag souz ech am Tempel an hunn iech geléiert, an dir hutt mech net festgeholl. [56] All dat heiten awer ass geschitt, fir datt de Pro-

phéiten hir Schrëften erfëllt géifen." Dunn hunn alleguer d'Jünger hien am Stéch gelooss a si fortgelaf.

57 Déi, déi de Jesus festgeholl haten, hunn hien ofgefouert bei den Hohepriister Kaiphas, duer, wou d'Schrëftgeléiert an déi Eelst sech versammelt haten. 58 De Péitrus ass him vu Wäitem bis bei den Haff vum Hohepriister sengem Haus nogaang. Hien ass an den Haff eragaang an huet sech matzen ënner d'Dénger gesat fir ze kucken, wéi d'Saach ausgoe géif.

59 D'Hohepriister an de ganze Sanhedrin hu falsch Zeienaussoe géint de Jesus gesicht, fir hien doutmaachen ze kënnen, 60 ma si hu keng fonnt, obschonns vill falsch Zeien opgetratt sinn. Zu gudder Lescht sinn der zwéin opgetratt, 61 déi soten: „Hien hei huet gesot: ‚Ech kann dem Herrgott säin Tempel ofrappen an en an dräi Deeg nees opriichten.' "

62 Dunn ass den Hohepriister opgestan a sot zum Jesus: „Äntwers du näischt op dat, wat si géint dech aussoen?" 63 De Jesus awer huet de Mond net opgedoen. Den Hohepriister sot zu him: „Ech beschwieren dech bei deem liewege Gott: So äis: Bass du de Messias, dem Herrgott säi Jong?" 64 Dueropshi sot de Jesus zu him: „Du hues et gesot. Ech awer soen iech: Vun elo u gesitt dir de *Mënschejong* op där rietser Säit vun deem Allmächtege sëtzen an *op de Wolleke vum Himmel kommen* d!" 65 Dunn huet den Hohepriister seng Kleeder zerrass a sot: „Hien huet den Herrgott gelästert! Wat brauche mir nach Zeien? Kuckt, elo hutt dir d'Gotteslästerung selwer héieren!

[66] Wat mengt dir?" Si hu geäntwert: „Hien huet den Doud verdéngt!"

[67] Dunn hunn si him an d'Gesiicht gespaut an hie geschloen; anerer hunn him der op de Bak ginn [68] a soten: „Dajee, Messias, weis, datt s du e Prophéit bass, a so äis, wien dech geschloen huet!"

[69] De Péitrus awer souz dobaussen am Haff. Dunn ass eng Mod bei hie komm a sot: „Och du waars mat dem Jesus, dem Galiläer, zesummen!" [70] Ma hien huet et bei hinnen all zou geleegent a sot: „Ech weess net, vu wat s du schwätz!" [71] Wéi hien erausgoe wollt, op d'Paart zou, huet eng aner Mod hie gesinn a sot zu deenen, déi do waren: „Hien hei war mat dem Jesus, dem Nazoräer, zesummen!" [72] An op en Neis huet de Péitrus geleegent a geschwuer: „Ech kennen dee Mënsch net!" [73] E bёssche méi spéit koumen déi, déi do stoungen, bei hien a soten zu him: „Et ass wouer, och du bass ee vun hinnen, deng Sprooch verréit dech!" [74] Dunn huet hien ugefaang mat Fluchen an huet geschwuer: „Ech kennen dee Mënsch net!" Am selwechten Ament huet en Hunn gekréit.

[75] Dunn huet de Péitrus sech un dat erёnnert, wat de Jesus gesot hat: „Nach éier den Hunn kréit, hues du mech dräimol verleegent." An hien ass erausgaang an huet batter Tréine gekrasch.

---

[a] Wuertwiertlech: iwwer mäi Läif.
[b] Zach 13,7.
[c] Ps 42,6.12; 43,5.
[d] Dan 7,13.

27 ¹ Wéi et Muerge ginn ass, hunn alleguer d'Hohepriister an déi Eelst vum Vollek d'Decisioun gehol, de Jesus doutmaachen ze loossen. ² Nodeems si hie gebonnen haten, hunn si hien ofgefouert an un de Pilatus, de Gouverneur, ausgeliwwert.

³ Wéi de Judas, deen hien ausgeliwwert hat, du gesinn huet, datt de Jesus veruerteelt ginn ass, huet hien et bereit. Hien huet den Hohepriister an deenen Eelsten déi 30 Sëlwermënzen hanneschtgedroen ⁴ a sot: „Ech hu gesënnegt: Ech hunn onschëllegt Blutt ausgeliwwert!" Si awer hunn him geäntwert: „Wat geet dat äis un? Du muss kucken, domadder eens ze ginn!" ⁵ Dueropshin huet de Judas d'Sëlwermënzen an den Tempel gehäit an ass erausgaang, an hien ass higaang an huet sech erhaang. ⁶ D'Hohepriister awer hunn d'Sëlwermënze geholl a soten: „Et ass net erlaabt, se an den Tempelschaz ze leeën, well et ass Bluttgeld." ⁷ Dunn hunn si sech ënnerenee beroden, an si hu vun de Suen dem Dëppemécher säin Aker kaaft, fir do déi Friem begruewen ze kënnen. ⁸ Dowéinst gëtt deen Aker bis haut „Blutt-Aker" genannt. ⁹ Deemools gouf dat erfëllt, wat duerch de Jeremias, de Prophéit, gesot gi war: An si *hunn déi 30 Sëlwermënze geholl — dat ass de Präis vun deem, dee* vun de Jonge vun Israel *esou ageschat ginn ass*ª —, ¹⁰ an si hunn se fir dem Dëppemécher säin Aker ginn, *esou wéi den Här mech et ugestallt hat*ᵇ. ¹¹ De Jesus awer ass virun de Gouverneur gefouert ginn. Deen huet hie gefrot: „Bass du de Kinnek vun de Judden?" De Jesus sot:

114 |

„Du sees et." 12 Wéi hien duerno vun den Hohepriister an deenen Eelsten ugeklot ginn ass, huet hien näischt geäntwert. 13 Du sot de Pilatus zu him: „Héiers du net, wat si alles géint dech aussoen?" 14 De Jesus awer huet him net emol mat engem eenzege Wuert geäntwert, esou datt de Gouverneur méi wéi verwonnert war.

15 De Gouverneur hat d'Gewunnecht, dem Vollek fir d'Fest e Gefaangene fräizeginn, deen si sech eroussiche konnten. 16 Deemools gouf et e bekannte Gefaangenen, dee [Jesus] Barabbas geheescht huet. 17 Wéi d'Vollek dun zesummekomm war, sot de Pilatus zu hinnen: „Wie wëllt dir, datt ech iech fräiginn, de [Jesus] Barabbas oder de Jesus, vun deem gesot gëtt, hie wär de Messias?" 18 Hie wousst nämlech, datt de Jesus aus Näid ausgeliwwert gi war.

19 Wéi de Pilatus um Riichterstull souz, huet seng Fra ee bei hie geschéckt an him soe gelooss: „Vergräif dech net un deem Gerechten do! Wéinst senger hat ech nämlech hënt am Dram vill ze leiden!"

20 D'Hohepriister an déi Eelst awer hunn d'Leit iwwerriet, si sollten sech de Barabbas froen an de Jesus veruerteele loossen. 21 Wéi de Gouverneur si du gefrot huet: „Wie vun deene béid wëllt dir, datt ech iech fräiginn?", soten si: „De Barabbas." 22 De Pilatus sot zu hinnen: „Wat soll ech da mat dem Jesus maachen, vun deem gesot gëtt, hie wär de Messias?" Si soten alleguer: „Looss hie kräizegen!" 23 De Pilatus sot: „Wat huet hien da Schlechtes ge-

maach?'" Ma si hunn nach méi haart gejaut: „Looss hie kräizegen!'"

24 Wéi de Pilatus gesinn huet, datt et näischt gedéngt huet, ma datt nëmmen nach méi Oprou entstan ass, huet hie Waasser geholl an sech bei de Leit zou d'Hänn gewäsch. Hie sot: „Ech sinn onschëlleg un dësem Blutt. Dir musst kucken, domadder eens ze ginn!" 25 Dat ganzt Vollek huet geäntwert: „Säi Blutt [soll] op äis an op eis Kanner [kommen]!" 26 Dueropshin huet de Pilatus hinnen de Barabbas fräiginn, an nodeems hien de Jesus gäissele geloos hat, huet hien den Uerder ginn, hien ze kräizegen.

27 Dunn hunn dem Gouverneur seng Zaldoten de Jesus mat an de Prätorium geholl, an si hunn déi ganz Kohort ëm hie versammelt. 28 Si hunn hien ausgedoen an him e rouden Zaldotemantel ëmgeluecht, 29 si hunn aus Dären eng Kroun gebonnen, déi si him op de Kapp gesat hunn, an si hunn him e Bengel an déi riets Hand ginn. Duerno sinn si virun him op d'Knéie gefall an hunn de Spott mat him gedriwwen, an si soten: „Vive de Kinnek vun de Judden!" 30 Dunn hunn si op de Jesus gespaut, him de Bengel ofgeholl an hien dermat op de Kapp geschloen. 31 Nodeems si esou de Spott mat him gedriwwen haten, hunn si him den Zaldotemantel ausgedoen an him seng Kleeder nees ugedoen. Dunn hunn si de Jesus fortgefouert, fir hien ze kräizegen.

32 Wéi si erausgaang sinn, sinn si op e Mann vun Zyrene gestouss, dee Simon geheescht huet; dësen

116 |

hunn si gezwongen, dem Jesus säi Kräiz ze droen. [33] Wéi si dun op déi Plaz koumen, déi Golgotha genannt gëtt – dat heescht Plaz vum Doudekapp –, [34] hunn si dem Jesus Wäin ze drénke ginn, dee mat Gal gemëscht war. De Jesus huet e geschmaacht, wollt en awer net drénken. [35] Nodeems si hie gekräizegt haten, hunn si seng Kleeder opgedeelt, andeems si d'Lous gezunn hunn, [36] an si hunn sech gesat an hien do bewaacht. [37] Dat, wat si als säi Verbrieche festgehal haten, hunn si [op engem Schëld] iwwer sengem Kapp opgehaang: Dat hei ass de Jesus, de Kinnek vun de Judden.

[38] Zesumme mat him goufen zwéi Raiber gekräizegt, een op där rietser an een op där lénkser Säit. [39] Déi, déi laanschtgoungen, hunn hie gelästert; si hunn de Kapp gerëselt [40] a soten: „Du, deen s du den Tempel ofrapps an an dräi Deeg nees opbaus, rett dech selwer, wann s du dem Herrgott säi Jong bass, a klamm vum Kräiz erof!" [41] Op déiselwecht Manéier hunn och d'Hohepriister de Spott mat him gedriwwen, zesumme mat de Schrëftgeléierten an deenen Eelsten, an si soten: [42] „Anerer huet hie gerett, sech selwer kann hien net retten! Hien ass dach de Kinnek vun Israel, hie soll elo vum Kräiz erofklammen, da gleewe mir un hien! [43] *Hien huet op den Herrgott vertraut, dee soll hien elo retten, wann hie Gefalen un him huet*[c]; hien huet jo gesot: ‚Ech sinn dem Herrgott säi Jong.' " [44] Gradesou hunn och d'Raiber,

déi mat him gekräizegt gi waren, him Frechheete gemaach.

^{45} Vun där sechster Stonn un awer gouf et am ganze Land däischter – bis déi néngt Stonn. ^{46} Ëm déi néngt Stonn huet de Jesus haart geruff: *„Eli, Eli, lema sabachthani?"* Dat heescht: *„Mäi Gott, mäi Gott, wuerfir hues du mech verlooss?"*^{d} ^{47} E puer vun deenen, déi do stoungen an et héieren hunn, soten: „Hie rifft den Elias!" ^{48} An eenzock ass ee vun hinnen dohi gelaf, huet e Schwamp geholl, e voll Esseg gemaach, en op e Bengel gestach an dem Jesus ze drénke ginn. ^{49} Déi aner soten: „Looss gewäerden! Mir kucken emol, ob den Elias kënnt an hie rett." ^{50} De Jesus awer huet nach eng Kéier haart gejaut an huet de Geescht ausgehaucht^e.

^{51} A kuck, de Riddo vum Tempel ass vun uewe bis ënnen an zwee gerass, d'Äerd huet geziddert, d'Fielse si gebascht, ^{52} d'Griewer goungen op, a vill Läiwer vun deenen Hellegen, déi entschlof waren, goufen erwächt; ^{53} si koumen aus de Griewer eraus, nodeems de Jesus aus dem Doud erwächt gi war, an si goungen an déi helleg Stad eran an hunn sech ville Leit gewisen.

^{54} Wéi awer de Centurio an déi, déi mat him de Jesus bewaacht hunn, d'Äerdbiewen an all dat anert gesinn hunn, ass eng freeschlech Angscht an si gefuer, an si soten: „Wierklech, deen dote war dem Herrgott säi Jong!"

118 |

[55] Et waren och vill Fraen do, déi vu Wäitem nogekuckt hunn; si waren dem Jesus vu Galiläa aus nogaang an haten him gedéngt. [56] Ënner hinne waren d'Maria vu Magdala an d'Maria, dem Jakobus an dem Jouseph hir Mamm, an och dem Zebedäus senge Jongen hir Mamm.

[57] Géint der Owend koum e räiche Mann vun Arimathäa, dee Jouseph geheescht huet an deen och selwer e Jünger vum Jesus gi war; [58] hien ass elo bei de Pilatus gaang an huet dem Jesus seng Läich gefrot. Dueropshin huet de Pilatus den Uerder ginn, [him se] z'iwwerloossen. [59] Nodeems de Jouseph d'Läich geholl hat, huet hien se an e proppert léngen Duch gewéckelt [60] an se an säin neit Graf geluecht, dat hien an de Fiels hae gelooss hat. Hien huet e grousse Stee virun de Agank vum Graf gerullt an ass fortgaang. [61] Och d'Maria vu Magdala an déi aner Maria waren do; si souze vis-à-vis vum Graf.

[62] Deen Dag drop – dat war deen nom Virbereedungsdag – sinn d'Hohepriister an d'Pharisäer beim Pilatus zesummekomm. [63] Si soten: „Här, mir hunn äis drun erënnert, datt dee Ligener do zu senge Liefzäite gesot hat: ‚No dräi Deeg ginn ech aus dem Doud erwächt.' [64] Gëff duerfir den Uerder, datt d'Graf bis deen drëtten Dag gutt bewaacht gëtt, net datt seng Jünger kommen an hie stielen an dann zum Vollek soen: ‚Hien ass aus dem Doud erwächt ginn.'f An dann ass dës lescht Ligen nach méi schlëmm wéi déi éischt!" [65] De Pilatus huet hinne geäntwert: „Dir

kritt eng Wuecht! Gitt, bewaacht esou gutt wéi dir kënnt!" 66 Du sinn si dohi gaang an hunn, zesumme mat der Wuecht, de Stee versigelt an d'Graf gutt bewaacht.

---

a Zach 11,13.
b Ex 9,12 LXX.
c Ps 22,9.
d Ps 22,2.
e Wuertwiertlech: opginn.
f Wuertwiertlech: Hien ass vun den Doudegen erwächt ginn.

28 1 Wéi et deen éischten Dag vun der Woch, also den Dag nom Sabbat, hell ginn ass, sinn d'Maria vu Magdala an déi aner Maria nom Graf kucke gaang. 2 An hei, op eemol huet de Buedem ugefaang, ferm ze zidderen: Dem Här säin Engel ass nämlech vum Himmel erofkomm, hien ass dohi gaang, huet de Steen ewechgerullt an huet sech dropgesat. 3 Hien huet ausgesi wéi e Blëtz, an säi Kleed war wäiss wéi Schnéi. 4 D'Wiechter hu geziddert, esou eng Angscht haten si virun him, an si ware wéi dout. 5 Dunn huet den Engel zu de Frae gesot: „Fäert net! Ech weess, dir sicht de Jesus, dee Gekräizegten. 6 Hien ass net hei: Hien ass aus dem Doud erwächt ginn, esou wéi hie gesot hat. Kommt heihinner, kuckt d'Plaz, wou hie louch! 7 An da gitt séier a sot senge Jünger: ‚Hien ass aus dem Doud erwächt ginn! Hie geet iech viraus

a Galiläa; do kritt dir hien ze gesinn.' Kuckt, ech hunn iech et gesot!"

8 Huerteg sinn si vum Graf fortgaang, voller Angscht, ma och mat grousser Freed, an si si gelaf, fir de Jünger et ze verzielen. 9 A kuck, de Jesus ass hinne begéint a sot: „Freet iech!" Si sinn op hien duergaang, hunn sech virun him niddergehäit an hunn hien ugebiet. 10 Du sot de Jesus zu hinnen: „Fäert net! Gitt a sot menge Bridder, datt si a Galiläa goe sollen; do kréien si mech ze gesinn."

11 Iwwerdeems d'Fraen dohi gaang sinn, kuck, du sinn der e puer vun de Wiechter an d'Stad komm an hunn den Hohepriister alles verzielt, wat geschitt war. 12 Nodeems dës mat deenen Eelsten zesummekomm waren an sech mat hinne beroden haten, hunn si den Zaldote genuch Sëlwermënze ginn 13 a soten: „Verzielt dorëmmer: ‚Seng Jünger sinn an der Nuecht komm, wéi mir geschlof hunn, an si hunn hie gestuel.' 14 A wann de Gouverneur dovun héiere sollt, dann iwwerzeege mir hien, esou datt dir iech keng Suergen ze maache braucht." 15 D'Zaldoten hunn d'Sëlwermënze geholl a gemaach, wéi si gesot kritt haten. A bis haut ass dës Versioun bei de Judde verbreet.

16 Déi eelef Jünger awer sinn a Galiläa op de Bierg gaang, deen de Jesus hinnen uginn hat. 17 Wéi si de Jesus gesinn hunn, hunn si hien ugebiet; en etlecher awer haten hir Zweifel. 18 De Jesus ass op si duergaang a sot zu hinnen: „Mir ass all Muecht ginn

am Himmel an op der Äerd. [19] Duerfir gitt a maacht aus alle Vëlleker Jünger: Deeft si op den Numm vum Papp, vum Jong a vum Hellege Geescht, [20] a léiert si, all déi Geboter anzehalen, déi ech iech ginn hunn! Kuckt, ech si bei iech all Dag bis un d'Enn vun dëser Welt."